150 Jahre
Wissen für die Zukunft
Oldenbourg Verlag

Technik der Projektarbeit

Handbuch für Projektleiter und Consultants

von

Bernhard O. Herzog

Oldenbourg Verlag München

Bibliografische Information der Deutschen Nationalbibliothek

Die Deutsche Nationalbibliothek verzeichnet diese Publikation in der Deutschen
Nationalbibliografie; detaillierte bibliografische Daten sind im Internet über
<http://dnb.d-nb.de> abrufbar.

© 2008 Oldenbourg Wissenschaftsverlag GmbH
Rosenheimer Straße 145, D-81671 München
Telefon: (089) 45051-0
oldenbourg.de

Lektorat: Wirtschafts- und Sozialwissenschaften, wiso@oldenbourg.de
Herstellung: Anna Grosser
Coverentwurf: Kochan & Partner, München
Gedruckt auf säure- und chlorfreiem Papier
Gesamtherstellung: Druckhaus „Thomas Müntzer" GmbH, Bad Langensalza

ISBN 978-3-486-58592-6

Für Sylvia, Ana-Lisa, Michael und Rossco

Inhaltsverzeichnis

Verzeichnis der Abbildungen

Vorbemerkung

„Softskills, Supply Chain Management und Benchmarketing ...."
Bei der Erstellung dieses Buches wurde darauf geachtet, dass vorzugsweise allgemeinverständliche, deutsche Wörter benutzt wurden. In dem Themengebiet sind jedoch zahlreiche fremdsprachliche Fachwörter eingeführt, insbesondere Anglizismen. Immer dann, wenn es präziser oder gebräuchlicher als der deutschsprachige Begriff war, wurde im Einzelfall auch das Fremdwort verwendet.

Die meisten hier benutzten Fremdwörter und Anglizismen werden jedoch in dem Verzeichnis der Fremdwörter ausführlich erklärt.

Dort, wo es wichtig erschien neben dem deutschen auch das angelsächsische Fachwort zu vermitteln, werden im Text beide Begriffe nebeneinander angeführt.

Einleitung

Unternehmensberatung und Projektarbeit – gewandeltes Rollenbild
Zunächst soll in aller Kürze auf die Rolle der Unternehmensberatung in den
Unternehmen in der Vergangenheit und bis heute eingegangen werden.

Unternehmensberatung wurde bisher überwiegend mit dem Argument ver-
kauft, ein bestimmtes, im Klientenunternehmen selbst nicht vorhandenes
Know-how einbringen zu müssen, um eine spezielle Projektaufgabe lösen zu
können. Dieser Know-how Vorsprung war eine Realität und erlaubte es, auch
hohe Manntagessätze zu rechtfertigen.

Know-how als Handelsware

In manchen Konjunkturphasen war es auch gang und gäbe, dass die überwiegende Mehrzahl der MBA-Absolventen sich nach Abschluss des Studiums der
Unternehmensberatung oder dem Investment-Banking zuwandten. Wenige
High-Potentials blieben direkt nach dem Studium wirklich in der Industrie
hängen. Es entstand ein Know-how Gefälle zwischen Beratung und Bera-
tungsclientèle.

In Bezug auf den Arbeitsmarkt hat sich das Blatt bereits gewendet. Namhafte
Industrieunternehmen und auch Mittelständler haben jede Chance, gute Absol-
venten auch direkt von der Hochschule anzuwerben. Das Qualifikationsniveau
in den Industrieunternehmen hat sich damit erheblich verbessert.

Qualifikationsniveau in Unternehmen verbessert

Ebenso ist auch die Systemlandschaft in den Unternehmen nicht mehr das, was
sie einmal war: die informationelle Vernetzung ist mit Riesenschritten voran-
geschritten, zumindest in den gut organisierten Häusern ist nahezu jede Information auf Knopfdruck verfügbar und es ist damit eine vorher nicht gekannte
Transparenz in Bezug auf Kosten, Leistungen und Prozessqualität entstanden.

Leistungsfähige Systeme

Ein großer Teil dessen, was ein Unternehmen an externen Informationen brauchen könnte, ist durch das Internet relativ leicht verfügbar, oder wird durch
spezielle Dienste, wie die der Gartner Group oder IET, sogar speziell aufbereitet.

Fachinformationen frei verfügbar

Die Hochschulen und Unternehmensberatungen bemühen sich redlich, ihren
einstigen Know-how Vorsprung auszubauen, oder zumindest zu halten. So
werden im Jahresrhythmus neue Methoden und Management-Philosophien
ausgerollt, die jedoch gegenüber dem schon bisher da gewesenen nur wenig
oder keine Vorteile bieten. Die Öffentlichkeit nimmt diese Inflation von Me-

Know-how Vorsprung in Gefahr

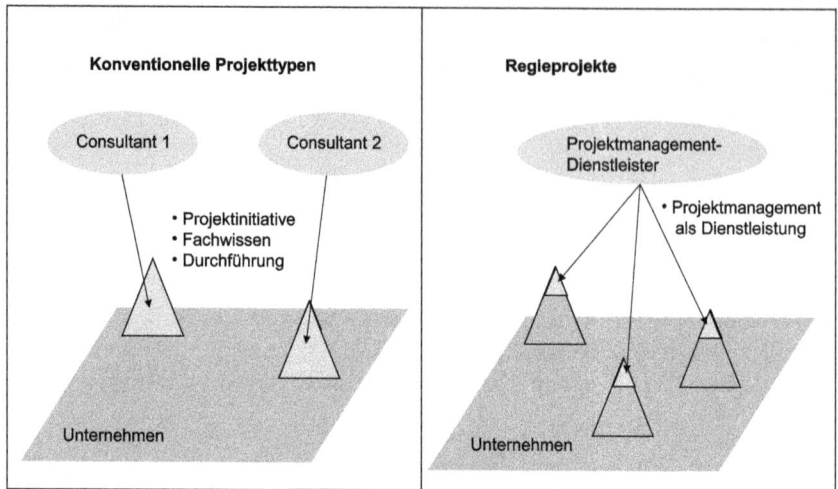

Abb. 1: Berater / Projektmanager als universell einsetzbarer Dienstleister

thoden und Wunder-Tools immer mehr als das wahr, was sie eigentlich sind: „Buzz-Words" (leere Worthülsen, die dazu dienen sollen, im Beratungsmarketing Aufmerksamkeit auf sich zu ziehen).

Wenn Fach Know-how früher also vielleicht ein Engpass in der Unternehmensentwicklung war, so ist dieser nahezu beseitigt, Know-how wird mehr und mehr zur Commodity und verliert an Bedeutung, weil es weitgehend frei verfügbar ist.

Vom Fachexperten zum Projektmanagement-Profi
Bedingt durch diesen Trend wandelt sich das Rollenbild des Unternehmensberaters langsam aber stetig weg vom Fachexperten und hin zum Projektmanagement-Profi mit breiter Erfahrung und vielseitiger Einsetzbarkeit (siehe Abb. 1).

Geändertes Umfeld in den Unternehmen

Wachsender Anteil von Projekten
Auf „Kundenseite", also in den Klientenunternehmen, hat sich ebenfalls einiges geändert:

Steigendes Entwicklungstempo
Zunächst einmal sind fast alle Branchen von dem sich steigernden Entwicklungstempo betroffen. Dort, wo früher 15 Jahre in unveränderter Organisationsform gearbeitet werden konnte, sind heute vielleicht tief greifende Anpassungen in kurzen Abständen notwendig.

Dadurch bedingt wird ein wachsender Anteil der Arbeit in Form von Projekten mit analytischem, planerischem oder organisatorischem Inhalt abgewickelt.

Projekte sind also aus dem Alltag der meisten Unternehmen nicht mehr weg zu denken. In vielen Unternehmen beträgt der Anteil der in Projektform abgewickelten Arbeit weit mehr als 50 %.

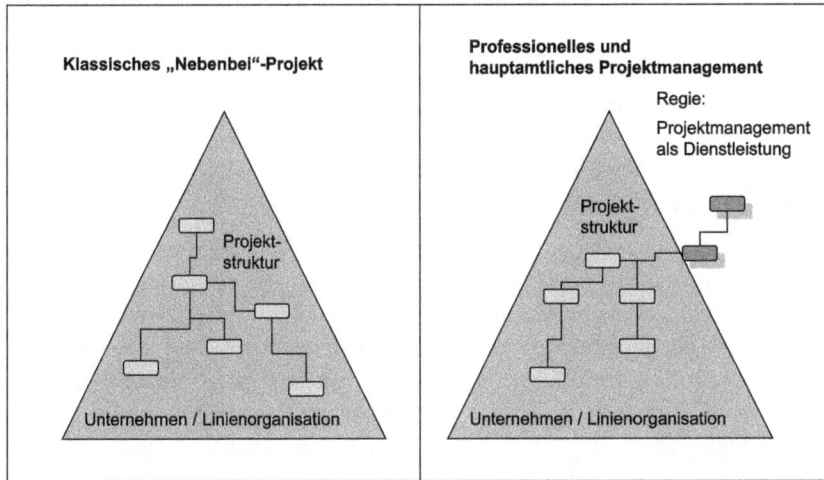

Abb. 2: Professionelles Projektmanagement als Dienstleistung

Früher herrschte oftmals die Vorstellung vor, dass es genüge, ein Projektteam, bestehend aus Stamm-Mitarbeitern, zu ernennen und ein Projektziel vorzugeben, die gewünschten Ergebnisse würden sich dann nach einer Weile einstellen. Kostentechnisch scheint dies oftmals die beste Lösung zu sein, weil die Ressourcen ja sowieso vorhanden sind. Es handelt sich um das klassische „Nebenbei-Projekt". Wie man weiß, geht ein solches nur selten gut.

Das klassische „Nebenbei-Projekt"

Der Manager, der sich das ganze Jahr über um sein Budget und die Zielerreichung kümmern muss, und darüber hinaus vielleicht ständig in die Lösung von personellen oder gar disziplinarischen Problemen involviert ist, wird in mehrfacher Hinsicht überfordert sein, wenn er nun noch obendrein ein wichtiges Projekt in seine Verantwortung bekommt. Er hat weder die erforderliche Unvoreingenommenheit, noch die gedankliche Flexibilität und projekttechnische Erfahrung, um das Projekt zum Erfolg zu führen. Ebenso wird sein Zeitbudget überstrapaziert. Wahrscheinlich wird das Projekt daher nicht den erhofften Erfolg bringen, die Tagesarbeit wird leiden und der Teilzeit-Projektleiter selbst wird am Ende des Prozesses vielleicht ausgebrannt und gefrustet sein.

Linien-Manager meist überfordert

Heute gibt es kaum noch Unternehmen, die in Bezug auf Projektarbeit oder auf die Zusammenarbeit mit Unternehmensberatern unerfahren sind.

Einschlägige Erfahrungen sind vorhanden

Wenn also hie und da immer noch die oben beschriebenen Do-it-yourself-Projekte gestartet werden, dann vielleicht deshalb, weil das Projektziel vielleicht doch nicht so wichtig ist, oder wenn es einfach darum geht, aus vorhandenen Ressourcen noch mehr heraus zu holen.

In den meisten Unternehmen hat sich die Erkenntnis durchgesetzt, dass man interne Projekte nicht problemlos abwickeln kann, wenn man sie genauso

Know-how unabdingbar

organisiert und steuert wie Routinearbeit. Spezielles Know-how und Erfahrungswissen ist also unabdingbar für reibungslose Projektarbeit (siehe Abb. 2).

Auch wenn die Unternehmen natürlich versuchen, sich auf diesem Gebiet zu
professionalisieren, so fehlt meistens die entsprechende Wiederholfrequenz für
Projekte, um hier wirklich zum Meister zu werden. Schließlich muss sich das
Stammpersonal auf die Routineaufgaben konzentrieren.

Inhouse-Beratung ist oft
Projektexperten-Pool

Nur große Konzerne haben die Möglichkeit, sich einen Pool von Experten zu
halten, die dann in der Lage sind, die internen Projekte, so wie sie anfallen, zu
managen. Dies geschieht dann sehr oft in Form einer Inhouse-Unternehmens-
beratung. Diese Entwicklung trägt der Erkenntnis Rechnung, dass wichtige
und komplexe Projekte professionell abgewickelt werden müssen. Meist haben
nur erfahrene Unternehmensberater oder hauptberufliche Inhouse-Projektleiter
diese Fähigkeiten parat.

Zukunftsweisende Projektkonzepte
Auch die Art und Weise, wie Projekte aufgesetzt werden, ist im Wandel begriffen.

Interne und externe
Abwicklung bringen
jeweils Nachteile

Organisationsprojekte können mit Stammpersonal oder unter Zuhilfenahme
von externen Beratern durchgeführt werden. Beide Alternativen haben gewisse
Nachteile:

Die Projektdurchführung ausschließlich mit eigenem Personal eignet sich nicht
für wirklich wichtige Projekte, weil es schwierig ist, genügend Kapazitäten zu
mobilisieren, um dem Vorhaben den erforderlichen Nachdruck zu verleihen.
Mitglieder des eignen Managements werden die eigene Organisation auch
nicht in unvoreingenommener Weise analysieren und optimieren.

Eine Projektdurchführung mit externen Beratern hingegen erfordert einen
gewissen Aufwand, um das externe Personal zu integrieren und birgt die Gefahr einer fehlenden Akzeptanz im Kundenunternehmen („Not invented here"
Syndrom). Ein vollständiger Know-How Transfer zwischen Beratern und
Stammmitarbeitern ist nicht immer gewährleistet.

Intelligente
Zwischenlösungen

Immer mehr stellt sich heraus, dass es intelligente Zwischenlösungen braucht,
um die Nachteile beider Alternativen zu vermeiden.

Aus Kundensicht wird das Kosten- / Leistungsverhältnis von so genannten
Regieprojekten als besonders positiv bewertet (siehe Abb. 3).

Ein solches Projekt ist normalerweise folgendermaßen aufgebaut:

- Das erforderliche Fach-Know-how kommt fast ausschließlich aus dem
  Unternehmen selbst
- Alle Mitarbeiter, die Fach-Know-how einbringen können und sollen, werden als Projektmitarbeiter in das Team integriert und erhalten einen Exper-
  ten- / Ratgeber-Status.

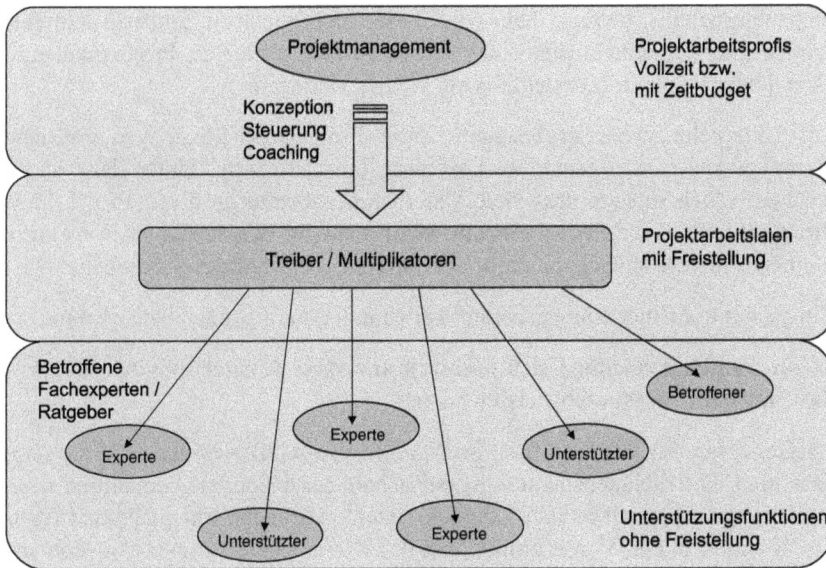

Abb. 3: Konzept des Projekttyps „Regieprojekt"

- Darüber hinaus werden eventuell noch weitere interne Ressourcen für das Projekt von ihren Routineaufgaben freigestellt. Sie übernehmen die Rolle der „Treiber" und „Multiplikatoren" im Projekt.
- Die Projektkonzipierung, Projektplanung und das Projektmanagement wird von einem externen oder internen Consultant, in jedem Fall aber einem Projektarbeits-Profi bzw. einem kleinen Team von Projektmanagement-Spezialisten wahrgenommen. (Projektregie)

Im Prinzip sind diese Projekte so gestaltet, dass die Akteure aus dem Unternehmen das Projekt weitgehend eigenständig abwickeln, das Geschehen aber von professionellen Projektmanagern unterstützt und gesteuert wird.

In dieser Projektform wird sichergestellt, dass:

- der Projektaufwand für Beratung begrenzt wird,
- die Arbeitsbelastung für interne Ressourcen im Rahmen bleibt,
- das im Projekt akkumulierte Know-how auch nach Projektende komplett im Unternehmen verbleibt,
- durch die Involvierung aller Beteiligten auch ein größtmögliches Buy-In erreicht wird.

Das im Klientenunternehmen vorhandene Methodenwissen wird zunehmend wichtiger, es muss sinnvoll in Beratungsprojekte eingebunden werden.

In der beschriebenen Projektform wird das Personal des Klientenunternehmens die Hauptarbeit erledigen. Wird das Projekt von einem Unternehmensbera-

Neue Rolle für
Unternehmensberater

tungsunternehmen betreut, dann wird dieses nicht mehr ein großes Team ent-
senden können, sondern nur einen einzelnen Mitarbeiter als Projektmanager,
Coach oder Facilitator, bestenfalls ein kleines Kernteam.

Lean Consulting –
Vorteile für alle

Für Unternehmensberater erscheint diese Projektabwicklung also zunächst
einmal weniger interessant, weil weniger umsatzträchtig. Unter dem Strich
wird es jedoch so sein, dass viele Unternehmensberater in dieser Projektform
ihre natürliche Rolle finden. Anstatt weniger großer, werden sie eben mehrere
kleinere Projekte abwickeln, dafür aber mit umso zufriedeneren Kunden.

Ein erfahrener Unternehmensberater hat einmal den folgenden Satz geprägt:

**„Gute Projekte zeichnen sich dadurch aus, dass Berater nur das tun, was
das Stammpersonal nicht leisten kann."**

Klient konzipiert Projekte

Im Gegensatz zu heute wird es in Zukunft also wohl weniger der Fall sein,
dass eine Unternehmensberatungsgesellschaft das Klientenunternehmen nach
einer mitgebrachten Methode „durcharbeitet". Vielmehr tritt mehr und mehr
die Situation in den Vordergrund, dass das Klientenunternehmen von sich aus
Anpassungserfordernisse erkennt, eigene Projekte konzipiert und aufsetzt, und
diese dann aus eigener Initiative, aber mit Unterstützung durch professionelles
Beratungspersonal durchführt.

Dieses Beratungspersonal erfüllt nicht die Funktion, universitäres Fachwissen
zu transportieren oder Umsetzer einer ausgeklügelten Beratungsmethodik zu
sein, die dann sozusagen über das Kundenunternehmen „gespannt" wird.

Berater als Handwerker

Der Berater in dieser Projektsituation muss ein vielseitiger Handwerker sein,
mit einem prall gefüllten Werkzeugkasten, der vor allen Dingen die für Projektarbeit notwendigen Grundfertigkeiten mitbringt.

Grundfertigkeiten von
Beratern / Projektleitern

Diese Grundfertigkeiten der Projektarbeit sind Gegenstand dieses Buches. Die
darin enthaltenen Praxisbeispiele, Erfahrungen und Anregungen sollen jedem,
der sich in einer Projektsituation befindet, eine Hilfestellung bieten. Dies gilt
in gleicher Weise für einen externen Berater oder einen Inhouse-Projekt-
arbeiter.

Kernthesen

- Die Abwicklung von Projekten ist für Unternehmen keine Ausnahmesitua-
tion, sondern wird mehr und mehr zum Regelfall.
- Projektarbeit erfordert jedoch spezielle Techniken um erfolgreich zu sein.
- Diese können von darauf spezialisierten Personen, also von erfahrenen
Projektleitern oder im Projektmanagement versierten Consultants bereitge-
stellt werden.
- Regieprojekte sind ein zukunftsweisender Weg, internes Fachwissen sinn-
voll mit professionellem Projektmanagement Know-how zu verbinden.

1 Grundlagen

1.1 Definitionen

Das Wort „**Projektmanagement**" ist gemäß der Deutschen Industrienorm 69901 hinreichend definiert:

„Ein Projekt ist ein Vorhaben, welches im Wesentlichen durch seine Einmaligkeit der Bedingungen in ihrer Gesamtheit gekennzeichnet ist. Als solche Bedingungen werden unter anderem genannt:

- Zielvorgabe
- Zeitliche, finanzielle, personelle und andere Bedingungen
- Abgrenzung gegenüber anderen Vorhaben
- projektspezifische Organisation"

Ein interessanter Punkt sei am Rande erwähnt: Früher einmal bildete der Wortlaut „von besonderer Komplexität" einen Bestandteil der DIN Definition. Dieser Bestandteil wurde später entfernt, wohl in Anerkennung der Tatsache, dass es (Gott sei Dank) nicht nur komplexe Projekte gibt, die eines Managements bedürfen.

Komplexität nicht essentiell

Eine weitere Definition des Begriffs „Projekt" lautet nach J. Rodney Turner, jedoch frei übersetzt:

„Ein Vorhaben, welches die Organisation von menschlichen, materiellen und finanziellen Ressourcen zur Abarbeitung eines individuellen Arbeitsprogramms bedingt, unter Berücksichtigung von zeitlichen und finanziellen Randbedingungen, mit dem Ziel, eine positive Veränderung zu erreichen und bestimmte qualitative und quantitative Ziele zu erfüllen."

Es wird also hervorgehoben, dass es nicht nur um das Management der Projektmitarbeiter (menschliche Ressourcen) geht, sondern in gleicher Weise auch um das Management von Zeit und finanziellen Ressourcen. Randbedingungen müssen dabei eingehalten und eine mehrdimensionale Struktur von Zielen erfüllt werden.

Es sei darauf hingewiesen, dass das Management der menschlichen Arbeitskraft als größter Kostenfaktor der Projektarbeit aber dennoch im Vordergrund dieses Werkes stehen soll.

Ein weiteres Merkmal der Arbeit in Projekten ist die vorübergehende Natur der Aufgabe und damit auch des Teams. Es wird speziell zum Zwecke der Projektbearbeitung zusammengestellt und nach Abschluss des Projektes wieder aufgelöst. Man spricht auch von so genannten „Transient Teams".

Abgeschlossenheit als Kennzeichen von Projekten

Wichtig erscheint in der Definition die Abgrenzung zwischen Projekten und Routineaufgaben. Eines der Wesensmerkmale eines Projektes ist die Abgeschlossenheit: Es geht um ein individuelles Vorhaben, nicht um eine endlose Sequenz von gleichartigen Vorhaben.

Insofern soll an dieser Stelle auch eine weitere Präzisierung des Begriffes „Projekt" für die Bedeutung innerhalb dieses Werkes erfolgen.

Sonderformen der Projektarbeit

Zahlreiche Unternehmen verkaufen keine Produkte im eigentlichen Sinne, sondern eine große Anzahl an Sonderanfertigungen, in der internen Terminologie oftmals auch mit dem Wort „Projekt" bezeichnet. Im Englischen hat sich der Begriff „Project Business" für alle Produktionsarten eingebürgert, die nicht Massen- oder Serienproduktion entsprechen.

Beispielsweise hat sich eingebürgert, dass Wartungs- und Reparaturarbeiten an Anlagen und Infrastruktursystemen mit dem Begriff „Projekt" belegt werden. Früher hätte man vielleicht den Begriff „Auftrag" dafür verwendet.

Projekte in diesem Sinne weisen also nur zum Teil die Merkmale der typischen Projektarbeit auf, nämlich die, dass das Endergebnis des Projektes in jedem einzelnen Fall variiert und keine gleichartigen Projektergebnisse entstehen.

Unterschiedliche Arbeitsobjekte, aber unveränderliches Team

Die Strukturen, mit deren Hilfe solche Projekte erstellt werden, bleiben aber in vielen Fällen immer gleich. Es sind die gleichen Personen in relativ fest definierten Rollen, die in steter Folge neue Projekte bearbeiten.

Abgesehen von der Unterschiedlichkeit der Aufträge, dominiert hier jedoch ein repetitiver Charakter der Projektarbeit.

Diese Sonderform der Projektarbeit ist, im Rahmen dieses Buches, nicht gemeint.

Projekt als spezielle Arbeitsform

Als Grundlage für die Erarbeitung dieses Werkes diente eine angenommene Situation, in der das Projekt als Arbeitsform zumindest für einen Teil der am Projekt beteiligten Personen etwas Neues darstellt, oder zumindest eine ungewohnte Form der Zusammenarbeit ist. (Projektorganisation)

Den Gegenpol hierzu würde die kontinuierliche Routinearbeit bilden, also die Arbeit an immer gleichen, sich wiederholenden Aufgabenstellungen, in einer permanenten Linienorganisation. (Funktionale Organisation)

Change-Projekte im Fokus

Eine weitere Annahme soll einen Bestandteil des Referenzrahmens dieses Buches bilden: Wie man weiß, gibt es Projekte, bei denen eine Projektstruktur an einem externen Arbeitsobjekt arbeitet. Dies könnte ein technisches Design, eine Veranstaltung, oder eine Softwareentwicklung sein. Die weitaus größere Herausforderung liegt jedoch in der Verwirklichung von so genannten „Change"-Projekten, also Projekten, die ihrerseits in eine funktionale Organisation eingebettet sind, und sich auf diese beziehen. Diese bilden den Fokus der Betrachtungen dieses Buches.

Eine weitere Präzisierung scheint nötig: Schon im allgemeinen Sprachgebrauch ist von der Arbeit „in" Projekten, genauso aber auch „an" Projekten die Rede. Der Projektbegriff steht also sowohl für die projektmäßige Organisation, **in** der die Arbeit stattfindet, wie auch für das Werk der Projektarbeit, also die Software, die Planung, die Entwicklung, etc, **an** der sich die Arbeit vollzieht.

Ein Begriff für zwei Bedeutungen

Im Sprachgebrauch dieses Buches ist, wenn nichts anderes bestimmt ist, jeweils die Projektorganisation im Sinne von Gruppierung der Projektmitarbeiter mit dem Begriff „Projekt" gemeint.

Noch einige weitere Definitionen sollen vorgenommen werden, um Fehlinterpretationen zu vermeiden:

Auftraggeber (Owner): Person, Personenkreis oder Organisation, die das Hauptinteresse am Gelingen des Projektes haben, dieses finanzieren und in der Regel auch initiiert haben. Organisiert in einem Steering Committee, Lenkungsausschuss, etc.. Oftmals lässt sich der eigentliche Auftraggeber in dem Steuerungsgremium wiederum von Experten vertreten. Analog der „Bauherrschaft" bei Architekturprojekten gibt es auch den Begriff der „Projektherrschaft", bzw. der „Projektherren".

In der Regel ist dieser Personenkreis nicht aktiv in die Projektarbeit involviert, hat aber das Hauptinteresse am Gelingen des Vorhabens.

Auftragnehmer (Contractor): Eben gerade weil Projekte zeitlich abgeschlossene Aktivitäten darstellen, ist es üblich, für deren Abwicklung Ressourcen von außerhalb der funktionalen Struktur zu kontrahieren. Häufig sind dieses dann Consultants / Unternehmensberater oder Projektmanagementspezialisten, die für eine begrenzte Zeit für den Auftraggeber tätig werden. Aber auch in den Fällen, wo ein Projekt ausschließlich mit internen Ressourcen abgewickelt wird, bietet es sich an, nach dem Auftraggeber / Auftragnehmer-Modell zu verfahren. Das Projektteam übernimmt die Rolle des Auftragnehmers, der dem Auftraggeber gegenüber eine ähnliche Verantwortung in Bezug auf Zielerfüllung und Reporting übernimmt, wie dies ein externer Dienstleister müsste.

Finanzier (Sponsor): Person, Personenkreis oder Organisation, die das Vorhaben in wesentlichen Teilen finanziert und von daher zumindest ein Mitsprache-Vetorecht hat.

Mutterorganisation (Parent-Organisation): Unter der oben getroffenen Prämisse, dass der Betrachtungsfokus dieses Buches sich auf Change-Projekte richtet, erscheint es sinnvoll, eine Namenskonvention in Bezug auf die von dem Projekt betroffene Organisation vorzunehmen. In aller Regel wird dies auch die Organisation des Projektauftraggebers und des Projektfinanziers sein. Aus der Perspektive des Projektes bildet diese Organisation das Veränderungsobjekt, beziehungsweise das Projektumfeld (Project Context).

Projektleiter (Project Manager): Person oder Personenkreis, der aktiv mit dem Management des Projektes befasst ist und für das Gelingen Verantwortung trägt. In der Regel arbeitet ein Projektleiter hauptberuflich für das Projekt, hat Weisungsbefugnis gegenüber dem Projektpersonal und Budgetverantwortung. Auch alle Führungskräfte, die in einem Projekt eine Funktion finden können, also Teilprojektleiter, Teamleiter, etc. sollen in diesem Buch unter diesen Oberbegriff fallen.

Eine Finesse darf nicht unerwähnt bleiben: Im deutschen Sprachgebrauch hat das Wort „Projekt Manager / Projekt Management" eine Bedeutung, die weitgehend mit der Funktion eines aktiven Auftraggebers / Projektherren identisch ist. Es zielt im Wesentlichen auf eine eigenverantwortliche Projektcontrolling-funktion ab. Der deutsche Begriff des „Projektleiters" entspricht hingegen dem englischsprachigen „Project Manager", also eines hauptberuflich tätigen Projektleiters / Projekttreibers.

Projektteam: Gesamtheit aller Personen, die aktiv an dem Projekt mitarbeiten, entweder in Teilzeit oder Vollzeit, mit oder ohne Freistellung, beziehungsweise Zeitbudget. Auch Personen, die eine reine Expertenfunktion ausüben, deren Wissensbeitrag also im Vordergrund steht und nicht die Arbeitsleistung, können Teil des Projektteams sein, ebenso wie reine Informationslieferanten.

Ressource: Die in einem Projekt organisierten Ressourcen können natürlich finanzieller, materieller oder personeller Natur sein. Am häufigsten wird dieses Wort für ein Mitglied des Projektteams gebraucht, über welches der Projektleiter verfügen kann. Auch wenn dieser Begriff sehr technokratisch klingt, so wird er doch in diesem Buch verwendet, weil er sich in neutraler Weise sowohl auf interne Mitarbeiter, wie auch auf externe Berater / Dienstleister bezieht.

Unterstützer (Supporter): Personen, die das Projekt unterstützen können / sollen, ohne dass sie Teil des Projektteams wären. Im Normalfall verbleiben sie in der funktionalen Hierarchie des Unternehmens und erhalten auch keine Freistellung für ihre Unterstützungsfunktion. Beispielsweise sind dies Informationslieferanten.

Projektbetroffene (Stakeholders): Gruppe der Personen, die zwar nicht aktiv an dem Projekt mitarbeiten, bzw. im Projekt auch keine Expertenfunktion erfüllen, demnach also nicht zum Projektteam gehören, die jedoch trotzdem von dem Projekt tangiert werden und von daher ein vitales Interesse an dem Projekt haben. In manchen Zusammenhängen wird hier auch von dem Kreis der betroffenen Personen oder der „Projektöffentlichkeit" gesprochen. Diese kann unternehmensintern oder -extern sein.

Bei Infrastrukturprojekten sind dies oftmals Gruppierungen, die zwar grundsätzlich die Notwendigkeit der Verwirklichung des geplanten Projektes anerkennen, eine Realisierung in ihrer eigenen geographischen Umgebung jedoch mit allen Mitteln zu verhindern versuchen. Der englische Fachbegriff ist „Nimby" (**N**ot **i**n **m**y **b**ack yard).

1.2 Ursprünge

In der Entwicklung der Menschheitsgeschichte war es die Errichtung von Monumentalbauten, die zum ersten Mal eine projektartige Organisationsform erforderte. Zum ersten Mal genügte es nicht mehr, wie zuvor bei rein kriegerischen Vorhaben, nur tausende von Menschen zu bewaffnen und dann taktisch klug in die Schlacht zu führen. Nun ging es auch darum, ein Werk vorauszuplanen, rechtzeitig Ressourcen und Material für jeden Bauabschnitt zur Verfügung zu stellen und schließlich auch eine bestimmte Reihenfolge in den Abläufen einzuhalten.

Monumentalbauten waren der Anfang

Bis heute ist es so, dass wahrscheinlich anzahlmäßig die meisten Projekte im Bausektor abgewickelt werden, auch wenn man natürlich berücksichtigen muss, dass viele dieser so genannten Projekte mehr oder weniger einer Serienproduktion entsprechen.

Zu einem späteren Zeitpunkt wurde es im Bereich Forschung und Entwicklung notwendig, komplexe Vorhaben auf die Schultern verschiedener Fachbereiche und Unternehmen zu verteilen. Dadurch entstand automatisch das Problem der Koordination von Schnittstellen und Terminplänen. Mit zunehmender Komplexität der technischen Systeme wird die Entwicklungsverantwortung immer weiter fragmentiert. Es resultiert ein immenser Abstimmungsbedarf zwischen den einzelnen Entwicklungsteams.

Schnittstellenkoordination ist Herausforderung in Forschung und Entwicklung

Im Zuge der voranschreitenden Technisierung und Globalisierung, wird auch dieser Projekttyp weiter zunehmen.

Große Herausforderungen an die Disziplin „Projektmanagement" bildet auch die Entwicklung komplexer Softwareprodukte. Auch in diesem Bereich wurden, gerade in den letzten Jahren, wertvolle Erkenntnisse gewonnen, die in den Erfahrungsschatz des Projektmanagements mit einfließen.

Softwareentwicklung braucht große Teams

Projektarbeit in der Breite findet hingegen tagtäglich in hunderttausenden von Unternehmen statt, die einen Veränderungsbedarf erkannt haben und diesen anpacken wollen. Über die Routineaufgaben hinaus wird ein Projekt aufgesetzt, oft mit dem Ziel, die internen Abläufe neu zu ordnen, oder die

Projekte in Unternehmen

Ausrichtung des Unternehmens auf den Markt und das Umfeld zu verbessern.

Projektarbeit als Interimsaufgabe

Typisches Kennzeichen eines solchen Projektes ist es, dass die meisten Projektmitarbeiter, in der Projektmanagementterminologie auch „Ressourcen" genannt, in Linienfunktionen fest angestellte Mitarbeiter sind, die für eine befristete Zeit eine Funktion innerhalb des Projektes zu erfüllen haben. Auch die Projektführungsfunktionen sind häufig mit internen Ressourcen besetzt, manchmal jedoch auch mit externen Beratern / Projektmanagern.

Nur ein Teil der Projektressourcen aus diesem Bereich ist für die Dauer des Projektes von Routineaufgaben freigestellt, viele sind sogar gleichzeitig in mehreren Projekten involviert.

Zumindest ein Teil des Projektteams besteht also aus eigentlichen Projektlaien, allzu häufig trifft dies auch auf den Projektleiter zu.

Dieses ist der Projekttyp, auf den sich die Ausführungen in diesem Buch schwerpunktmäßig beziehen sollen.

1.3   Besonderheiten der Projektarbeit

Viele Formen und Ausprägungen

Projekte können sich in vielerlei Ausprägungen präsentieren: es gibt Infrastrukturprojekte, Engineeringprojekte, Architekturprojekte, Forschungsprojekte, Wartungs- und Reparaturprojekte, Applikationsentwicklungsprojekte, Personalentwicklungsprojekte, Produktlancierungsprojekte, Strategieentwicklungsprojekte, Bauprojekte, und dies ist noch bei weitem keine erschöpfende Aufzählung.

Genau genommen gibt es auch im privaten Bereich zahlreiche Vorhaben, die man in die Kategorie „Projekt" einqualifizieren könnte. Dazu gehört zum Beispiel ein Umzug oder der Kauf eines Kraftfahrzeugs, die Planung eines größeren Urlaubs.

Sehr häufig sind so genannte „Change"-Projekte in den Unternehmen. Diese beziehen sich meist nicht auf ein abstraktes Werk oder ein Produkt, sondern eben auf eines oder mehrere Elemente der Mutterorganisation. Es geht dabei darum, die leistungserstellende Struktur selbst, also das Unternehmen oder ein Teil davon, zu optimieren und an veränderte Rahmenbedingungen anzupassen.

Hier kann weiter unterschieden werden, auf welcher Ebene das Projekt angreift, z. B.:

- auf technischer / systemtechnischer Ebene
- auf prozessualer Ebene
- auf organisatorischer Ebene
- auf kultureller Ebene

Schließlich gibt es noch einen Projekttyp, der auf Englisch so treffend mit der Abkürzung „PSO-Project" benannt wird. PSO steht für „Processes, Systems, Organisation". Dies wäre also der projekttechnische Rundumschlag.

Typischerweise wird das Projektteam speziell für die Zwecke des individuellen Projektes zusammengestellt. Dies bedeutet, dass nun Personen eng und vertrauensvoll zusammenarbeiten sollen, die ansonsten vielleicht noch nichts miteinander zu tun hatten. Es prallen mitunter verschiedene Arbeitskulturen und Vorgehensweisen aufeinander. Die eigentliche Projektarbeit wird also, zumindest in den ersten Projektphasen, von einem Teamfindungsprozess überlagert.

Teamfindungsprozess überlagert Projektarbeit

Die Projektorganisation setzt sich meist auch über die Linienhierarchie hinweg. Dies bedeutet, dass innerhalb des Projektteams nun der fachlich versierte Gruppenleiter durchaus eine größere Bedeutung haben kann als sein Abteilungsleiter.

Deaktivierte Hierarchien

Ein weiteres Kennzeichen von Projektteams ist die Interdisziplinarität des Ansatzes. Oftmals werden bestimmte Vorhaben hauptsächlich deshalb in Projektform abgewickelt, weil das Fachwissen unterschiedlicher Bereiche zusammen kommen muss, um zu einem guten Ergebnis zu kommen. Eine Arbeit innerhalb der Linienstrukturen wäre oft nicht zielführend und zu langsam. Das Projekt wird hier als Instrument zur Aufweichung von Silostrukturen eingesetzt.

Interdisziplinarität ist Kennzeichen vieler Projektteams

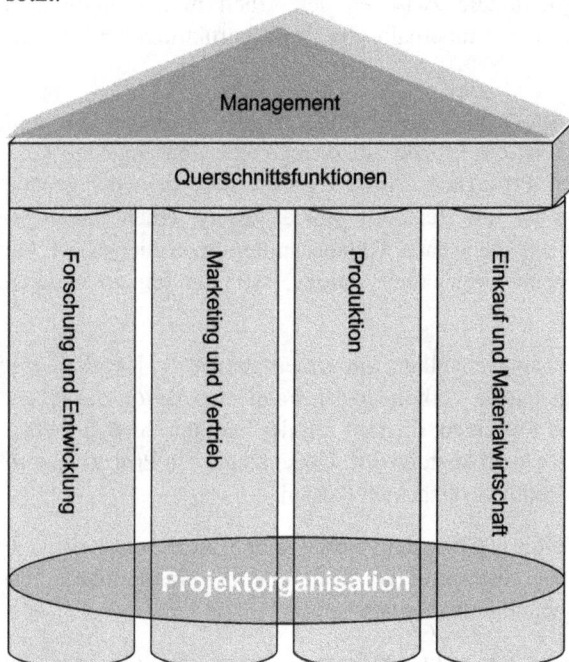

Abb. 4: Projektorganisation als Instrument zur Abmilderung von Silostrukturen

	Linienfunktion	Projektfunktion
Zeithorizont	Auf Dauer angelegt	Auf begrenzte Zeit angelegt
Wirtschaftliches Vorzeichen	Erwirtschaftet Geld	Kostet Geld
Veränderungsgeschwindigkeit	Ziel ist Vervollkommnung des Status Quo	Ziel ist Veränderung des Status Quo
Handlungsprioritäten	Im Vordergrund steht die Verbesserung der Performance-Parameter	Im Vordergrund steht die Einhaltung der Termine und Erreichung des Projektziels
Prozessumfeld	Arbeit innerhalb stabiler Prozesse	Prozessorganisation muss entsprechend der Projektaufgabe geschaffen und verfeinert werden
Arbeitsobjekt	Arbeitsobjekt ist die betriebliche Leistungserstellung	Arbeitsobjekte sind oft die Grundlagen der betrieblichen Leistungserstellung • Organisation • Prozesse • Systeme

Abb. 5: Merkmale der Arbeit in Projektstrukturen

Weitere Unterscheidungsmerkmale zwischen der Arbeit in herkömmlichen Linienfunktionen und der Arbeit innerhalb von Projektstrukturen sind in Abbildung 5 dargestellt.

Projektarbeit immer zeitlich begrenzt

Das hervorstechendste Unterscheidungsmerkmal ist der zeitliche Horizont von Projektarbeit. Niemals ist ein Projekt auf unbegrenzte Zeit angelegt. Hingegen kommt es vor, dass Projekte gestartet werden, ohne dass der genaue Projektzeitraum festgelegt ist. Im Regelfall gibt es jedoch einen Planungszeitraum, der sinnvollerweise auch nach Teilabschnitten untergliedert ist. Ob diese Terminziele dann auch eingehalten werden, steht auf einem anderen Blatt.

Projekte sind Kostentreiber

Während die normale Leistungserstellung im Unternehmen im Regelfall mit einem positiven Deckungsbeitrag verbunden ist, kann man davon ausgehen, dass die Durchführung von Projekten, die sich mit der internen Struktur befassen, im ersten Schritt immer Geld kosten wird. Umso länger ein Projekt dauert, desto höher sind auch die damit verursachten Kosten.

Zeitdruck gehört dazu

Aus diesem Grund ist Zeitdruck aus dem Projektalltag nicht wegzudenken. Ziel der Projektarbeit ist es, bestimmte, genau definierte Veränderungen herbeizuführen, und zwar so schnell als möglich.

Hoher Erwartungsdruck

Trotz dem vorher Gesagten ist es in den meisten Fällen so, dass die Arbeit an bestimmten Projekten als überaus wichtig angesehen wird. Auch wenn sie

Geld kostet, so verbindet sich doch mit dem erfolgreichen Abschluss des Projektes die Hoffnung, in eine bessere wirtschaftliche und organisatorische Ausgangsposition zu gelangen. Für die Projektmitarbeiter bedeutet dies in aller Regel eine hohe Arbeitsbelastung und einen entsprechend erhöhten Stressfaktor.

Aus diesem Grund ist auch häufig zu beobachten, dass die Funktion eines Projekt- oder Teilprojektleiters sich als Sprungbrett in eine wichtige Linienfunktion darstellt. Die Projektarbeit ist dazu da, noch unerprobten Ersatzbankspielern die Gelegenheit zur Bewährung unter schwierigen Bedingungen zu geben, und ihnen so den Weg in die erste Riege zu eröffnen.

Projektfunktion kann Karrieresprungbrett sein

Zahlreiche globale Konzerne sind dazu übergegangen, sich ihre eigenen flexibel einsetzbaren Projektmanagement-Ressourcen in Form von Inhouse-Consulting-Einheiten aufzubauen. Auch ohne jedes Mal auf externe Berater zurückgreifen zu müssen, stehen so versierte Spezialisten für die meisten der sich ergebenden Projektaufgaben bereit. Dort, wo die internen Ressourcen nicht ausreichen, oder wo ganz spezielles Know-how gebraucht wird, kann natürlich weiterhin auf externe Dienstleister zugegriffen werden. Nicht selten wird deren Einsatz dann jedoch ebenfalls wieder über die Inhouse-Consulting koordiniert.

Inhouse-Consulting

Der große Vorteil dieser Konstellation liegt darin, dass das im Rahmen der Projektarbeit erworbene Know-how im Hause verbleibt und immer wieder neu Verwendung finden kann.

1.4 Rollenbild von Consultant und Projektleiter

Betrachtet man nun das Rollenbild eines typischen Projektleiters und vergleicht es mit dem eines externen Unternehmensberaters in einer typischen Einsatzsituation, so wird man feststellen, dass sich deren Umfeld und die organisatorische Einbindung bis auf das Detail gleicht.

Projektleiter und Unternehmensberater haben viele Gemeinsamkeiten

Ähnlich einem Linienmanager, verfügt auch der Projektleiter über eine Anzahl von internen Ressourcen. Auch wenn ihm diese nicht immer disziplinarisch unterstehen und häufig auch keine Freistellung für das Projekt von ihren Alltagsaufgaben haben. Im Unterschied zu einem Linienmanager hat er es jedoch in der Regel leichter, auch externe Ressourcen in seine Aktivitäten mit einzubinden. Bedingt durch den temporären Charakter der Projektarbeit, sind häufig keine internen Ressourcen in genügender Anzahl vorhanden um die Arbeitsbelastung zu bewältigen, der Ausweg führt dann oft über die Beauftragung von Consultants oder freien Mitarbeitern, die dann aber der internen Projektleitung unterstehen.

Consultants als Lückenfüller

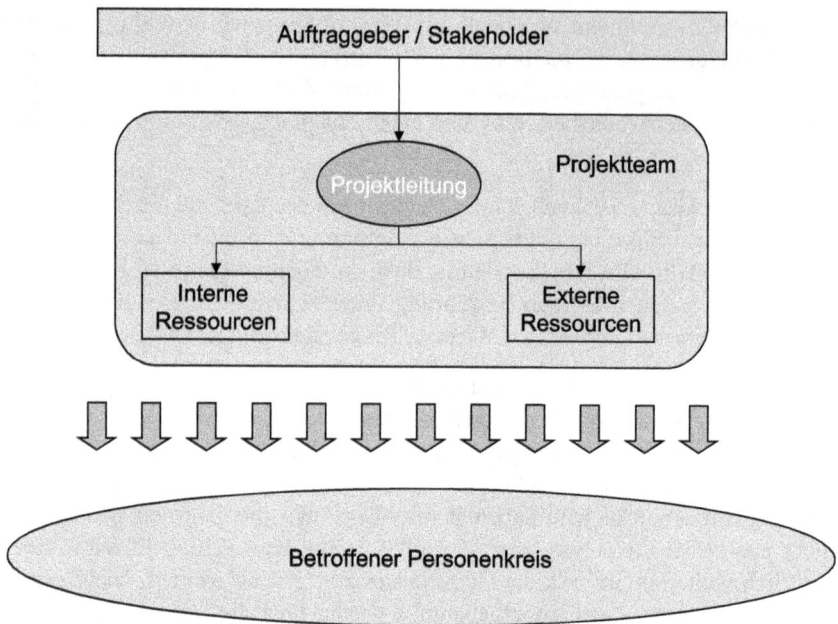

Abb. 6: Organisatorische Einbindung von Projektleiter und Berater

Eine der Herausforderungen für den Projektleiter ist also die Bildung eines integrierten Teams mit sinnvoller Aufgabenverteilung zwischen Stammmitarbeitern und externen Ressourcen.

Rechnungslegung gegenüber Auftraggebern

Da die Projektdurchführung Geld kostet, verantwortet sich der Projektleiter gegenüber der Auftraggeberseite / den Stakeholdern, in welcher Form auch immer diese auftreten mögen. Verläuft das Projekt innerhalb einer einzigen Organisationseinheit, so kommt es vor, dass der dafür Verantwortliche allein und persönlich die Funktion des Auftraggebers wahrnimmt. In vielen Fällen wird jedoch ein Lenkungsausschuss oder ein vergleichbares Steuerungsgremium gebildet, dem dann Vertreter aller Bereiche angehören, die das Projekt entweder mitfinanzieren, oder aber von den Projektergebnissen tangiert werden.

Der Projektleiter hat die Pflicht, diesen Organen in regelmäßigen Abständen, bei Erreichen von Meilensteinen oder aber auch fortlaufend, Bericht über den Fortschritt des Projektes und die bisher aufgelaufenen Kosten zu erstatten.

„Projektbetroffene" nicht vergessen

Über die eigene (Projekt-) Organisation hinaus, hat es der Projektleiter auch mit einem weiteren, in der Regel sehr viel größeren Personenkreis zu tun: Nennen wir diese Personen hier einmal in Anlehnung an die in Kapitel 1.1 getroffene Festlegung „Projektbetroffene".

Dies können zum Beispiel Mitarbeiter sein, die zwar nicht dem Projektteam angehören, jedoch trotzdem in die Projektaktivitäten involviert sind, weil sie unterstützend eingreifen, Daten liefern müssen, oder in anderer Form einen Beitrag leisten.

Wenn sich Projekte auf die Umgestaltung oder Neueinführung von IT-Systemen beziehen, dann formieren sich für gewöhnlich die Anwender zu einer überaus engagierten Interessengruppe, die im Idealfall bei der Gestaltung konstruktiv mitwirkt, sich im schlechteren Fall aber auch überaus obstruktiv verhalten kann.

Und schließlich: insbesondere dann, wenn Projekte auch eine organisatorische Dimension haben, also dadurch zum Beispiel ein Arbeitsplatzabbau oder ein Verlust von Kompetenzen verbunden sein kann, dann haben diese „betroffenen" Personenkreise naturgemäß ein vitales Interesse an dem Projektverlauf, im positiven wie im negativen Sinne.

Es ist also im allgemeinen ein Personenkreis, zu dem der Projektleiter keinen direkten Zugriff hat, weil er ihm organisatorisch in keiner Weise untersteht, der aber für den Projekterfolg letztendlich doch ganz entscheidend ist. Also ist es eminent wichtig, diese Zielgruppen rechtzeitig „an Bord" zu bekommen oder doch zumindest sie als Widerstandsverursacher weitgehend zu entschärfen.

Projekterfolg hängt von Projektbetroffenen ab

Der Projektleiter wird also, wenn er sein Handwerk versteht, viel Zeit und Sorgfalt darauf verwenden, mit diesem Personenkreis zu kommunizieren, Zweifel, Sorgen und Widerstände wahrzunehmen und zu adressieren.

Viele Projekte stehen und fallen mit der Akzeptanz in einer breiteren Unternehmensöffentlichkeit.

Abb. 7. zeigt eine typische Unterscheidung zwischen dem normalen, d. h. fortlaufenden Leistungserstellungsprozess im Unternehmen und, davon abweichend, der Projektlandschaft, charakterisiert durch ihre Einwirkung auf die Leistungserstellungsinfrastruktur selbst.

Hier wird deutlich, dass Projekte normalerweise häufig an der Grundstruktur der Leistungserstellung ansetzen, diese zwar verbessern sollen, aber eben zunächst einmal den kontinuierlichen Prozess der Leistungserstellung behindern oder stören, ganz davon abgesehen, dass Projekte finanzielle Ressourcen verbrauchen, anstatt Geld zu verdienen, wie dies im Leistungserstellungsprozess der Fall ist.

Projekte können Leistungserstellungsprozess stören

Aus dieser Sachlage heraus wird ersichtlich, warum die Dauer des Eingriffs ein überaus wichtiger Faktor bei der Abwicklung von Projekten ist.

Nun muss die wichtige Frage geklärt werden, was Projektleiter und Consultants überhaupt gemeinsam haben, und weshalb sich dieses Buch an beide Zielgruppen gleichermaßen richtet.

Um einer Begriffsverwirrung vorzubeugen, soll gleich zu Anfang klargestellt werden: Die beiden Begriffe bilden keinen Widerspruch an sich – ein Consul-

Verbesserung der
Infrastruktur
(Projekte)

Nutzung der
Infrastruktur
(Leistungs-
Erstellungsprozess)

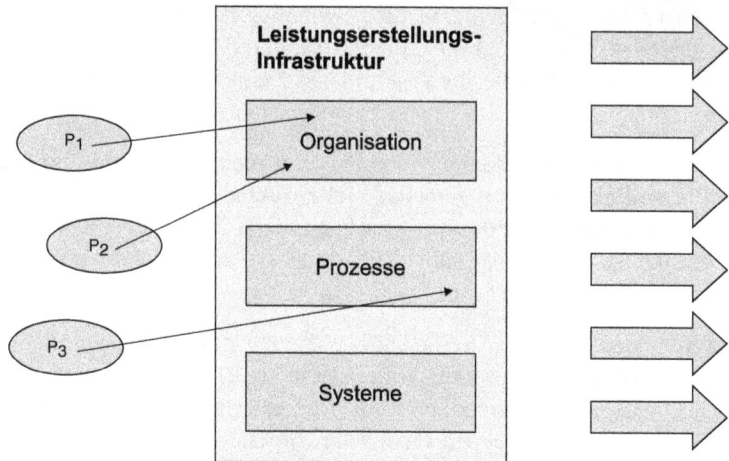

Abb. 7: Fortlaufender Leistungserstellungsprozess und Projektlandschaft: Angriffspunkte

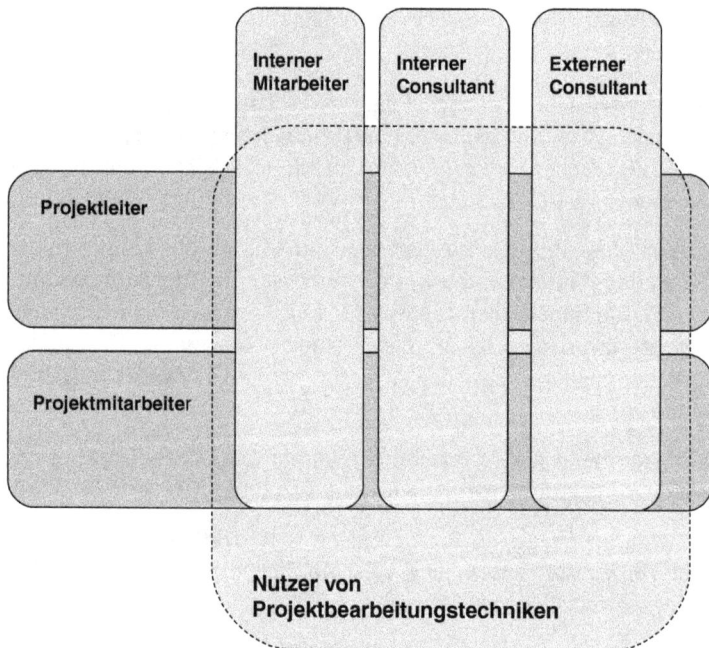

Abb. 8: Darstellung von typischen Projektfunktionen

tant kann ebenso ein Projektleiter sein, wie ein Projektleiter ein Consultant –
oder eben auch nicht, wie in Abb. 8 verdeutlicht.

Dieses Buch wendet sich nun gleicherweise an alle diese Zielgruppen: Projektleiter (einschließlich Projektführungspersonal) der nachgeordneten Ebenen,
Berater / Consultants, beide jeweils unternehmensintern oder extern.

Des weiteren soll hervorgehoben werden: Nicht nur Projektleiter sollten sich
mit den Techniken der Projektarbeit befassen, auch Teilprojektverantwort-
liche und Projektmitarbeiter sind Anwender von typischen Projektbearbeitungstechniken. Nicht nur das Management von Projekten erfordert besondere
Kenntnisse und Fähigkeiten, sondern auch die konstruktive Mitarbeit in Projekten.

Auch Teammitglieder brauchen Projektarbeits-techniken

1.5   Know-how Profile

Betrachten wir beispielhaft einmal die Situation eines internen Projektleiters,
der seine Arbeitsaufgabe mit der eines externen Beraters vergleicht. Zurecht
wird er sagen, dass seine Arbeit nur in Teilaspekten vergleichbar mit der eines
Consultants ist.

Das zur Anwendung kommende Know-how bei einem Consultant ist in manchen Teilen nicht deckungsgleich mit dem eines internen Projektleiters: So
muss sich der Projektleiter im Normalfall nicht mit dem Thema Projektverkauf
befassen, eben sowenig wie der Consultant sich mit dem Thema „Einkauf und
Management externer Ressourcen" auseinandersetzen muss (auch wenn es hier
Ausnahmen gibt).

Neben der Grauzone Fachwissen und Branchenwissen, wo sich Consultants
und interne Ressourcen im Idealfall gegenseitig ergänzen, gibt es jedoch auch
das überaus wichtige Wissensfeld „Projektbearbeitungs-Know-how".

Die Beherrschung dieses Kompetenzfeldes ist der primäre Erfolgsfaktor für
den internen Projektleiter. Fast nie scheitern Projekte an mangelndem Fach-
oder Branchenwissen, einerseits deshalb, weil diese Kenntnisse nicht so entscheidend für den Projekterfolg sind, andererseits, weil interne Projektleiter
auf diesen Gebieten meist keine gravierenden Schwächen haben.

Projektbearbeitungs-Know-how kritischer Faktor für Projektleiter

Für den Consultant ist dieses Wissensgebiet nach dem Thema Akquisition erst
das zweitwichtigste. Hingegen muss man feststellen, dass es auch unter den
Consultants ganz unterschiedliche Begabungen gibt.

Das berufliche Vorankommen von Unternehmensberatern wird eindeutig von
Verkaufs- und Umsatzzahlen bestimmt. Aus diesem Grunde werden Füh-
rungspositionen fast ausschließlich mit verkaufsstarken Kandidaten besetzt.

Verkaufsstärke ist Karrierevoraussetzung für Berater

	Consultant	Interner Projektleiter
Unternehmens-spezifisches Know-how		☐
Branchen- Know-how		☐
Fach Know-how		☐
Projektmanagement Know-how	Gemeinsame Know-how Basis	
Projektverkauf und Client Handling	☐	
Einkauf und Management externer Ressourcen		☐

Abb. 9: Gemeinsamkeiten in der Know-how Basis von Projektleiter und Consultant

Selbstverständlich gibt es aber auch den versierten Berater mit viel Implementierungserfahrung, der vielleicht verkäuferisch seine Schwächen hat.

Aus Kundensicht ist auf jeden Fall der Berater mit Schwerpunkt auf der Projektabwicklung die bessere Wahl.

Gemeinsame Techniken

Festzuhalten bleibt jedoch, dass sowohl interne Projektleiter und Projektmitarbeiter, wie auch externe Consultants sehr stark auf eine professionelle Projektbearbeitung angewiesen sind. Die zur Anwendung kommenden Techniken sind für Consultants und interne Mitarbeiter dabei weitgehend identisch.

1.6   Beratungsbranche als Methodenfundgrube

Schließlich wäre vielleicht noch die Frage zu klären, welche der betrachteten Personengruppen auf dem Gebiet der Projektbearbeitung weiter fortgeschritten ist. Hier wäre es sicher falsch zu sagen, dass Consultants immer die besseren Projektleiter sind. Zwar arbeiten sie per definitionem immer in Projekten, hingegen findet man in den Reihen der Unternehmensberater eben auch zahlreiche Kandidaten, die nach ihrem Studium gerade mal zwei Jahre Berufserfahrung zu bieten haben. Interne Projektleiter sind in der Regel weitaus erfahrener im Beruf, wenn auch nicht immer in Bezug auf Projektmanagement.

Es kommt jedoch ein weiterer Umstand zum Tragen: Während die meisten Unternehmen kein professionelles Wissensmanagement betreiben, also auch zum Beispiel Erfahrungen aus zurückliegenden Projekten nicht systematisch erfassen und aufbereiten, gehen Unternehmensberater dieses Problem meist etwas ernsthafter an.

Da Unternehmensberatungsgesellschaften ohnehin mit einer hohen Fluktuation leben, gibt man sich hier Mühe, das aus den Projekten herrührendes Erfahrungswissen aus den Köpfen der Mitarbeiter in ein professionelles Wissensmanagement zu bringen, sodass nachrückende Generationen wiederum von diesen Erkenntnissen profitieren können.

Nichts spricht also dagegen, auch Projekte, die ausschließlich mit internen Ressourcen bestritten werden so aufzusetzen, als wären teuer bezahlte externe Consultants am Werk.

Dies bedeutet im Minimalfall, dass

- Ein Projektziel und Referenzrahmen (Scope) genau beschrieben werden
- ein realistischer Zeitplan erstellt wird
- ein Budget bereitgestellt wird
- der Aufwand und der Projektfortschritt erfasst wird.

Wenn nun ein Trend zu beobachten ist, dass immer mehr globale Konzerne und zum Teil auch mittelgroße Unternehmen dazu übergehen, Inhouse-Beratungsgesellschaften zu gründen und mit der Abwicklung eines großen Teils ihrer Projekte zu beauftragen, so ist dies sicherlich auch ein Ausdruck des Bestrebens, einen höheren Professionalisierungsgrad in der Projektabwicklung zu erreichen.

1.7   Ziele und Funktionen

Klassische Linienfunktionen haben mitunter ein sehr simples Zielsystem: Alles strebt nach wachsenden Umsatzzahlen bei möglichst niedrigen Kosten. Und dieses Jahr für Jahr aufs Neue. Um die Erreichung dieser Oberziele zu erleichtern, erfolgt dann zwar häufig noch eine Zieloperationalisierung, beispielsweise, indem das Umsatzziel heruntergebrochen wird in Stückzahlen und Durchschnittspreise. Letztendlich ist das Streben des Linienmanagers jedoch eindimensional.

Auch in dieser Hinsicht ist die Arbeit in Projekten vielschichtiger: Neben dem eigentlichen Sachziel gilt es auch Kosten- und insbesondere Terminziele einzuhalten. Sehr anschaulich wird dieses Zielbündel in der Darstellung des Zieldreiecks in der Projektarbeit.

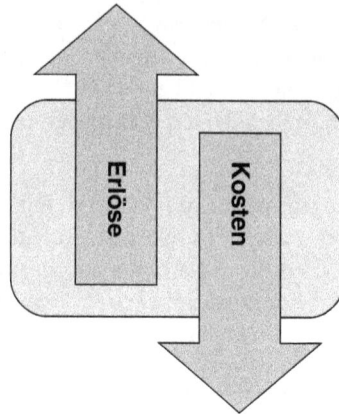

Abb. 10: Beispielhafte Zieldarstellung für eine Linienfunktion

Eben nicht alleine die Erreichung des Sachzieles (z.B. Fertigstellung eines Werkes) zählt, sondern auch die Einhaltung der Budgetgrenzen und der Terminvorgaben sind vonnöten, um einen vollen Projekterfolg zustande zu bringen.

Inoffizielle Zielstellungen   Darüber hinaus kann man noch von so genannten internen Projektzielen sprechen. Dieses können Ziele sein, die mehr oder weniger verdeckt und zum Teil sogar unbewusst von einigen oder allen mit dem Projekt verfolgt werden.

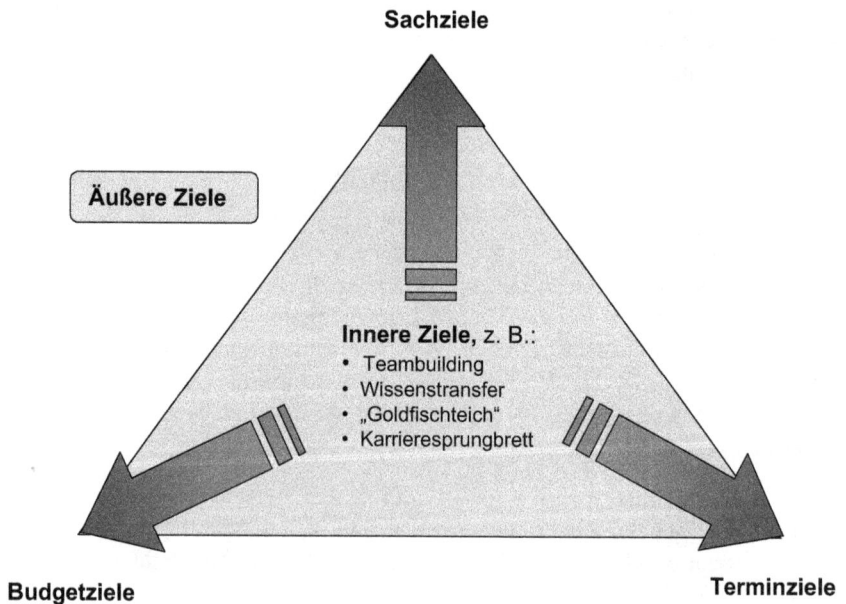

Abb. 11: Zielsysteme für Projektarbeit

- Durch die Arbeit an einem Projekt kann eine Teamstruktur geschaffen und gehärtet werden.
- Einzelne Mitarbeiter können im Team auf ihre Tauglichkeit für Managementaufgaben hin erprobt werden.
- Aus der Sicht des einzelnen Mitarbeiters kann die Mitarbeit an einem Projekt auch durchaus eine Gelegenheit sein, bisher verborgene Begabungen unter Beweis zu stellen und so vielleicht einen Karriereschritt einzuleiten.
- Schließlich ist immer zu beobachten, dass innerhalb eines Projektteams auch komplexe Lernprozesse ablaufen, insbesondere in interdisziplinär aufgestellten Projekten. Dies ist davon unabhängig, ob ein Wissenstransfer geplant oder überhaupt beabsichtigt ist.

Eine strikte Unterscheidung ist zu treffen zwischen den Projektzielen und dem Projektzweck. Der Projektzweck verkörpert die Perspektive des Auftraggebers. Beispielsweise könnte dieser lauten: „Die Prozesslandschaft muss vereinfacht und harmonisiert werden."

Das Projektziel hingegen wird dem Auftragnehmer / Projektleiter von dem Auftraggeber vorgegeben. Bei diesem steht die Messbarkeit im Vordergrund. Der Auftraggeber wird es also zum Beispiel in folgender Form formulieren: „Die Anzahl der Prozesse soll um 15 % reduziert werden".

Messbarkeit für Projektziel entscheidend

Nun kann es durchaus passieren, dass die Projektziele den Projektzweck nicht eins zu eins reflektieren. Manchmal dienen die Projektziele nicht alle dazu, den Projektzweck auch zu erfüllen. Um bei dem oben angeführten Fallbeispiel zu bleiben: Bewirkt eine Verringerung der Prozesse nur eine Vereinfachung der Prozesslandschaft, oder werden damit auch noch andere, vielleicht unnötige, oder sogar kontraproduktive Wirkungen erzielt?

Ein anderes Szenario wäre, dass die Erreichung der Ziele alleine nicht ausreichen würde, den Projektzweck zu erfüllen. Zurück zum Beispiel: Bewirkt die Verringerung der **Anzahl** der Prozesse alleine wirklich zwingend auch eine Vereinfachung der Prozesslandschaft?

Hier kann es also Brüche und Undurchgängigkeiten geben. Aus der Sicht des Projektauftragnehmers / Projektleiters muss dies nicht unbedingt ein Problem darstellen. Für ihn zählt hauptsächlich der Umstand, dass die Ziele klar definiert, messbar und erreichbar sind.

Wenn nun jedoch die Ziele erkennbar so definiert sind, dass keine echte Wirkbeziehung zur Zweckerfüllung mehr feststellbar ist, dann kann auch der Projektleiter in einen echten Gewissenskonflikt geraten.

In unserem Beispiel wäre das die Situation, dass es eigentlich gar keinen Zusammenhang zwischen der Komplexität der Prozesslandschaft und dem Kriterium „Anzahl der Prozesse" gibt.

Kann sich der Projektleiter / Auftragnehmer nun einfach darauf versteifen, dass Projekt mechanisch, der Aufgabenstellung entsprechend, abzuarbeiten, obwohl er weiss, dass die Intention des Auftraggebers eigentlich eine andere ist, und der Projektzweck verfehlt wird? Ein solches Zurückziehen auf die rein vertraglichen Vereinbarungen würde zwar den Honorarumsatz des Projekt-dienstleisters sichern, letztendlich würde die ganze Projektarbeit dadurch jedoch zum „Bärendienst", also ziemlich wertlos für den Auftraggeber.

Eine Grundlage für eine dauerhafte und für alle Seiten zufrieden stellende Zusammenarbeit wäre dies sicher nicht.

1.8   Besondere Herausforderungen

Managerqualifikation ist nicht Beraterqualifikation

Für einen externen Berater hängt der Erfolg seiner Arbeit zu großen Teilen davon ab, dass es ihm gelingt, einen schnellen Zugang zu der Kundenorga-nisation zu finden, diese innerhalb kürzester Zeit zu verstehen, eventuell ein Projektteam zu motivieren und zu überzeugen, die notwendigen Maßnahmen einzuleiten und voranzutreiben, die Ergebnisse zu dokumentieren und eine qualifizierte Kommunikation auf Geschäftsleitungsebene zu führen.

Überzeugungskraft anstelle von Weisungsbefugnis

Was in einer Linienfunktion durch einfache Weisung bewirkt werden kann, kann ein Berater / Projektleiter in den meisten Fällen nur durch professionelle Überzeugungsarbeit bewerkstelligen.

Das gleiche trifft in aller Regel auch auf einen internen Projektleiter zu. Häufig ist er auf die Mitarbeit von Personen angewiesen, die ihm nicht in Linienfunk-tion unterstehen, sondern die Projektarbeit lediglich „nebenbei", also zusätz-lich zum Tagesgeschäft, erledigen müssen.

Interkulturelle Fähigkeiten

Besonders in internationalen Konzernen werden globale Initiativen häufig in Form von bereichs- und standortübergreifenden Projekten abgewickelt. Das Projektteam verteilt sich dann nicht nur über mehrere Standorte, sondern auch über verschiedene Kulturkreise. Ausreichende sprachliche und interkulturelle Fähigkeiten sind daher ein Muss für jedes Projektteammitglied, besonders aber für das Führungspersonal.

Berater sind Schnelllerner

Während der Linienmanager seine Organisation, ihre Prozesse, Systeme und Zahlen, sowie die Eigenheiten seiner Mitarbeiter und Ansprechpartner kennt, muss sich der Berater all dies erst erarbeiten. Er muss in der Lage sein, sehr schnell zu lernen, das Gelernte zu analysieren und in seine Projektabwicklung einfließen zu lassen. Auch dieses Merkmal trifft auf den internen Projektleiter nahezu in gleicher Weise zu.

Erfolgsdruck ausgeprägt

Ein weiteres, wahrscheinlich ebenso wichtiges Unterscheidungsmerkmal zwi-schen internem Manager und einem Unternehmensberater ist der Umstand, dass der Berater unter ständigem und kurzfristigen Erfolgsdruck steht. In der Praxis heißt dies, dass Projektergebnisse im Rahmen eines sehr engen Zeitplanes erzielt werden müssen. Für die Zielerreichung steht der Berater sehr oft persönlich gerade. Werden die Ziele nicht vollständig, oder nicht zeitgerecht erreicht, so bedeutet dies häufig die Beendigung des Mandats, ganz unabhängig davon, ob den Berater hier wirklich ein Verschulden trifft oder nicht.

Es genügt also nicht, seine Arbeitskraft nach besten Kräften zur Verfügung zu stellen, Unternehmensberatung ist eine unternehmerische Aufgabe. Dies gilt in eingeschränktem Maße auch für angestellte Berater / hausinterne Projektleiter.

1.9 Résumé

Projektarbeit ist nicht Tagesgeschäft. Sie ist auf Zeit und in der Regel auf eine Veränderung des Status quo angelegt. In Projekten kommen Menschen für eine begrenzte Zeit zusammen, die sich nun neuen, ungewohnten Aufgaben gegenübersehen. Zunächst gibt es keine erprobten, eingespielten Strukturen oder Prozesse. Das Projekt muss sich selbst strukturieren und die besten Wege der Zusammenarbeit finden. *(Ziel ist Veränderung)*

Projektarbeit ist nicht von außen getaktet und sie fügt sich auch nicht von vorn herein in einen vorgegebenen Zeitrahmen ein, wie dies im operativen Geschäft manchmal der Fall ist, beispielsweise dadurch, dass alle bis 11^{00} h eingehenden Bestellungen bis 17^{00} h ausgeliefert sein müssen. Der nötige Arbeitsvorschub muss von innen heraus initiiert und das Projekt durch Eigeninitiative vorangetrieben werden. *(Arbeitsvorschub muss von innen kommen)*

Viele Mitarbeiter, die in eine Projektarbeit eingebunden werden, haben keine oder nur beschränkte Erfahrungen mit der Arbeit in Projektstrukturen. *(Beschränkte Erfahrung in Bezug auf Projektarbeit)*

Da die meisten Projekte eine kurzfristige Kraftanstrengung eines Unternehmens darstellen, die mit Stammressourcen nicht bewältigt werden können, muss hier oftmals für eine beschränkte Zeit Personal von außen dazu kommen. *(Externe Ressourcen reibungslos intergrieren)*

Diese Personen müssen in die bestehende Struktur so schnell und reibungslos wie möglich integriert werden.

Meist erfordert es die Projektaufgabe, dass Funktions- und Know-how Träger aus verschiedenen Unternehmensbereichen nun für kurze Zeit in einer völlig neuen Formation zusammenarbeiten, um dort das Fachwissen aus ganz verschiedenen Disziplinen sinnvoll zu neuen Erkenntnissen zu verschmelzen. *(Wissensintegration ist fester Bestandteil)*

Bestehende Hierarchien werden außer Kraft gesetzt und Projektstrukturen nehmen deren Platz ein, manchmal jedoch immer noch überlagert von Linienstrukturen. *(Außer Kraft gesetzte Hierarchien)*

Deshalb ist das Projektplanungs- und Projektführungspersonal besonders gefordert, hier eine Umgebung zu schaffen, die es allen Ressourcen erlaubt, einen optimalen Beitrag zu leisten.

Projektleiter ist Motivator

Dort wo die Projektressourcen nicht für das Projekt freigestellt sind, sondern voll in ihrer Linienfunktion verbleiben, hat die Mitarbeit am Projekt einen gewissen freiwilligen Charakter, hier fällt dem Projektleiter auch die herausfordernde Aufgabe eines Motivators / Coachs zu.

Schlussendlich noch zwei Bemerkungen:

Erfolgsdruck ist groß

- Viele Projekte stehen innerhalb des Unternehmens sehr „im Rampenlicht". Um ihnen zum Erfolg zu verhelfen, müssen sie eine gewisse hausinterne Öffentlichkeit erhalten. Der Erfolgsdruck, die gesteckten Ziel zu erreichen wird dadurch sehr groß. Häufig hängen die persönlichen Schicksale, will heißen Karrieren der Initiatoren oder Projekttreiber am Erfolg des Projektes.
- Projekte sind fast immer zeitkritisch. Termintreue Projekte werden als erfolgreich angesehen, Projekte, die sich verschleppen, fallen in der öffentlichen Meinung des Unternehmens fast immer von vornherein in die Kategorie „Flop".

Termintreue ist erstes Erfolgskriterium

Vieles von dem, was in den folgenden Kapiteln vorgeschlagen wird, orientiert sich daher an dem Ziel, ein Projekt möglichst reibungslos, und das bedeutet im Klartext termintreu, durchzuführen. Aus diesem Grund soll ein ausgewogener Pragmatismus bei allen Ausführungen tonangebend sein.

Wenn Gesichtspunkte der methodischen Sauberkeit und wissenschaftlichen Untermauerung ein wenig zu kurz kommen, so liegt dies daran, dass nach den Erfahrungen des Autors diese Dinge im Projektalltag auch eine weniger gewichtige Rolle spielen.

2 Phasen der Projektabwicklung

2.1 Einleitung

Die Einteilung von Projekten in Abschnitte oder Phasen ist individuell sehr verschieden. Würde man den Versuch unternehmen, ein allgemeingültiges Phasenmodell zu definieren, so käme man sehr schnell zu einem Konzept, welches sinngemäß aus Planung, Durchführung und Projektabschluss bestünde. Dieses würde nur bedingt weiter helfen.

Trotzdem soll im Folgenden der Versuch unternommen werden, die Funktionen und Arbeitsschritte, die es eigentlich in jedem größeren Projekt gibt, näher zu erläutern. Dabei versteht es sich, dass dieses nur ein Grundgerüst für eine projektindividuelle Planung sein kann.

Grundgerüst für projektindividuelle Planung

Projektfunktionen, wie zum Beispiel Projektsteuerung und -controlling, Projektdokumentation und Projektkommunikation, die nicht in Sequenz zu anderen Phasen stehen, sondern projektbegleitend fortlaufen, werden in Abschnitt 3 dieses Buches „Querschnittsfunktionen" behandelt.

Die wichtigsten Projektarbeitstechniken allgemeiner Art, die sich weder einer Projektphase noch einem projektbegleitenden Prozess zuweisen lassen, werden in Abschnitt 4 „Projektbearbeitungstechniken" beschrieben. Kennzeichen dieser Arbeitstechniken ist der Umstand, dass diese entweder Grundfertigkeiten des Beraters / Projektmanagers darstellen (Beispiel: Präsentationstechnik), oder aber fallweise an verschiedenen Stellen des Projektablaufs zur Anwendung kommen können (Beispiel: Workshoptechniken).

2.2 Projektidee und Planung

Zwischen der ersten Projektidee und dem Einstieg in die Projektumsetzung liegt meist ein weiter Weg. Es muss Klarheit über die zu erreichenden Ziele, die Herangehensweise, die Finanzierung, die Projektführung geschaffen und meist auch ein tragfähiger Konsens zwischen verschiedenen Projektherren

Tragbarer Konsens ist Voraussetzung

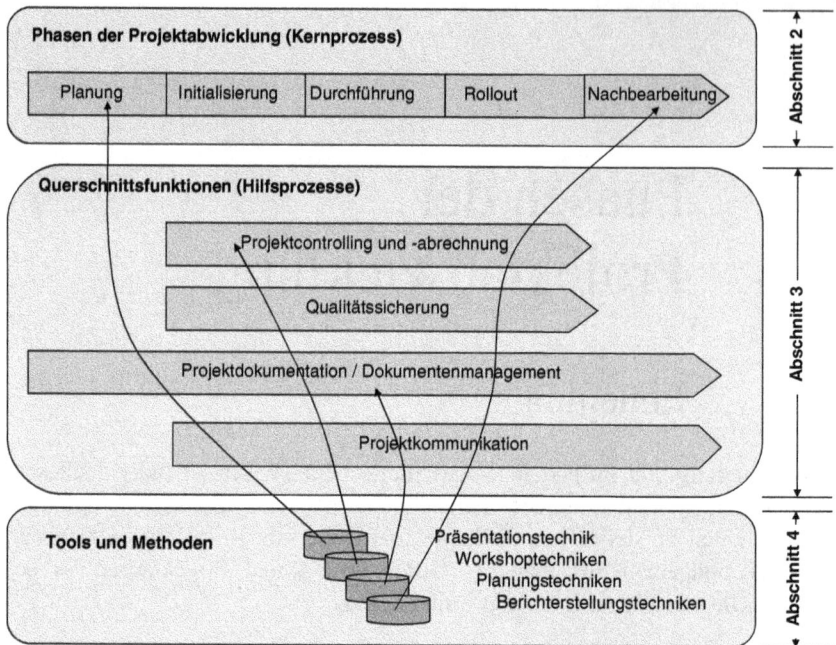

Abb. 12: Projektphasen, Querschnittsfunktionen und Projektarbeitstechniken

erreicht werden. Nicht immer ist diese Projektphase klar strukturiert. Charakteristisch ist es vielmehr, dass es keinen geradlinigen Weg von der Projektidee zur Projektdurchführung gibt. Dies ist nicht ganz so tragisch, weil zu diesem Zeitpunkt in der Regel noch keine festen Projektkosten laufen und noch kein Terminplan scharf geschaltet ist.

Projektreifungsphase

Man kann diesen Prozess auch als „Reifungsphase" sehen, die sich zeitlich nicht beliebig beschleunigen lässt.

Das Schlimmste, was durch fortwährende Verzögerungen passieren kann, ist

- dass die angestrebten Projektergebnisse entsprechend später erreicht werden
- das eigentliche Projektziel aufgrund der Verspätung gegenstandslos wird oder an Aktualität verliert
- dass die Begeisterung für die Projektidee verfliegt. (In diesem Fall wäre es wahrscheinlich ohnehin besser gewesen, das Projekt nicht zu starten.)

Fehlender Konsens ist größtes Risiko

Weitaus größer ist die Gefahr, dass ein Projekt ohne schlüssiges Konzept oder ohne echten Konsens im Stakeholderkreis gestartet wird, eben weil es die oben erwähnte Reifungsphase nicht durchlaufen hat.

Den Weg zurück offen halten

Ein weiteres Merkmal dieser Vorprojektphase ist die Konvention, dass der Ablauf in diesem Stadium aus gutem Grunde noch jederzeit gestoppt werden kann. Teure Projekte in der Durchführungsphase stehen oft unter einem solchen Erfolgsdruck, dass ein Projektabbruch schon alleine deshalb nahezu unmöglich wird, weil bereits zuviel investiert wurde und einige der Akteure dadurch ihr Gesicht verlieren würden.

Einen solchen Druck darf es in der Projektvorbereitungsphase nicht geben. Es muss fest vereinbart werden, dass auch ein Verwerfen der Projektidee ein akzeptables Ergebnis dieser Planungsphase sein darf.

Schon alleine aus diesem Grunde sollte man sich bemühen, den Aufwand an Ressourcen und Sachkosten für Konzeptionierungsaktivitäten zu begrenzen.

Es sollte grundsätzlich nach dem Leitsatz verfahren werden:

„Besser kein Projekt als ein schlechtes Projekt"

In manchen Unternehmen wurde ein stringenter Prozess zur Evaluierung und stufenweisen Freigabe von Projekten implementiert. Jedes einzelne Projekt muss diesen Prozess durchlaufen. Man tut dies, um einer voranschreitenden „Projektproliferation" – ja diesen Begriff gibt es wirklich – entgegenzuwirken.

Projektproliferation entgegenwirken

Sinnvollerweise ist in die Projektkonzipierung auch nur ein beschränkter Personenkreis involviert. Es wäre verfehlt, hier ein komplettes Projektteam zu beauftragen. Im Übrigen ist ja ohnehin die Zusammenstellung des Teams ein Ausfluss aus der konzeptionellen Planung.

Beschränkter Personenkreis in der Planung

Selbstverständlich kann es erforderlich werden, die Verfügbarkeit bestimmter Funktions- oder Know-how Träger für die Mitarbeit in einem Projekt bereits zu diesem Zeitpunkt abzuklären. Hier genügt jedoch eine kurze Sondierung. Das Lostreten einer breit angelegten Diskussion über das Projektkonzept wird an dieser Stelle nicht empfohlen.

Es genügt also, wenn die Auftraggeberseite mit den Personen zusammen kommt, die im Durchführungsfall die Projektverantwortung tragen würden.

Die Auftraggeberseite wird detailliert die Zielkonstellation und die mit der Projektdurchführung verbundenen Erwartungen vortragen.

Die „Auftragnehmerseite" (dieses können natürlich auch unternehmensinterne Personen sein) ist dafür zuständig, kreative Durchführungsvorschläge zu machen, diese Vorstellungen zu operationalisieren und ein Konzept vorzuschlagen. Darüber hinaus obliegt es ihr, in aller Ehrlichkeit zu sagen, was machbar und was nicht machbar ist.

Aus diesem Grunde ist es ein absoluter Imperativ, die Personen mit im Boot zu haben, denen in der Durchführung auch die Verantwortung zukäme.

Einbindung der Verantwortlichen

Eine gewisse Komplikation dieser Grundkonstellation entsteht dann, wenn der Projektleiter beispielsweise eine externe Ressource darstellt und daher auch seinem eigenen Dienstherren gegenüber verpflichtet ist. In diesem Fall wäre es der Dienstherr (also das Beratungsunternehmen), welches sich gegenüber dem Auftraggeber zu verpflichten hätte, ein Projekt durchzuführen. Sinnvollerweise wird es dies nicht tun, ohne vorab das Grüne Licht des designierten Projektleiters in Persona eingeholt zu haben.

Dies ist die Grundkonstellation. Denkbar ist es auch, dass das Beratungsunternehmen dem Projektleiter die Freiheit einräumt, selbständig mit dem Auftraggeber zu verhandeln und sich im Namen des Unternehmens zu verpflichten.

In jedem Fall muss klar geregelt sein, wer sich gegenüber wem verpflichtet und wer in die Verantwortung kommt.

Schlecht wäre es, wenn sich das Beratungsunternehmen auf ein Projektkonzept verpflichten lässt, aber danach nicht in der Lage ist, einen Projektleiter zu stellen, der diese Verpflichtung auch bereit und in der Lage ist, zu erfüllen.

Oder der umgekehrte Fall: Ein entsandter Projektleiter arbeitet mit der Auftraggeberseite zusammen ein Projektkonzept aus. Erst nach der Verabschiedung und Kommunikation dieses Konzeptes stellt sich heraus, dass das Beratungsunternehmen, dem der Projektleiter untersteht, nicht bereit ist, die Kosten- und Terminziele mit zu tragen.

Kommunikation vorläufig zurückhalten

Weiterhin muss penibel darauf geachtet werden, was in dieser frühen Phase eines Projektes überhaupt nach außen kommuniziert wird. Der Königsweg ist der, die komplette Projektplanung im stillen Kämmerlein zu vollziehen, also unter Ausschluss jeglicher Öffentlichkeit.

Dieses Vorgehen verhindert, dass

- in einer Projektöffentlichkeit ein Erwartungsdruck entsteht, der es erschweren würde, den Projektansatz umzuformulieren oder zu stoppen
- schon in der Konzeptphase ein politisches Hickhack um Sinn und Zweck des Projektes, Vor- und Nachteile bestimmter Herangehensweisen, etc. zu verursachen.
- Im Unternehmen verfrüht und vielleicht unnötigerweise Unruhe entsteht.

Erst das fertige Projektkonzept präsentieren

Das Spiel der Machtinteressen soll in dieser frühen Phase möglichst außen vor bleiben. Ein fertiges und zu Ende gedachtes Konzept kann den Widrigkeiten der öffentlichen Diskussion besser standhalten als ein im Werden befindliches Pflänzchen.

Dementsprechend wird in der in Abb 12 gezeigten Darstellung die Projektkonzipierungsphase noch nicht von dem Modul „Projektkommunikation" begleitet. Wichtig vom ersten Moment an ist jedoch das Modul „Dokumentation".

Nur durch eine lückenlose Dokumentation aller Entwürfe, Stellungnahmen und Vereinbarungen innerhalb des kleinen Projektplanungskreises kann ein stabiles Projektkonzept geschaffen werden.

Wie man weiß, bergen mündliche Vereinbarungen immer das Risiko von Missverständnissen. Dem muss wirksam begegnet werden. Ziel ist, dass ein unmissverständliches Projektkonzept entsteht, in dem sich alle Beteiligten an dem Konzipierungsprozess wieder finden, und somit die Durchgängigkeit zwischen Konzept und Projektherrschaft hergestellt wird.

Unmissverständliches Projektkonzept dokumentieren

Wichtige Eckpunkte, die im Verlauf dieser Phase erarbeitet werden müssen, sind:

- Formulierung der Ziele und Definition der Randbedingungen
- Bezugsrahmen des Projektes (Scoping)
- Grober Zeit- und Kostenrahmen

Am Ende dieses Prozesses sind auf jeden Fall die nachfolgend aufgeführten Dokumente oder deren inhaltliche Äquivalente zu erwarten:

- Projektaufbauorganistion, Rollenverteilung
- Projektablaufplan (Gantt-Chart)
- Aktivitätenplan (Arbeitsplan)
- Kommunikationsstrukturen: Meilensteine, Festlegung Jour fixe, etc.
- Grobkonzept des Dokumentenmanagements und der Berichtsstruktur

Zur Strukturierung dieser (Vor-) Projektphase: Wie bereits dargelegt, ist es nicht immer einfach, in diesem Stadium bereits mit erprobten Methoden des Projektmanagements zu arbeiten. Der Konsensfindungsprozess steht im Vordergrund.

Eine beispielhafte Vorgehensweise würde folgendermaßen aussehen:

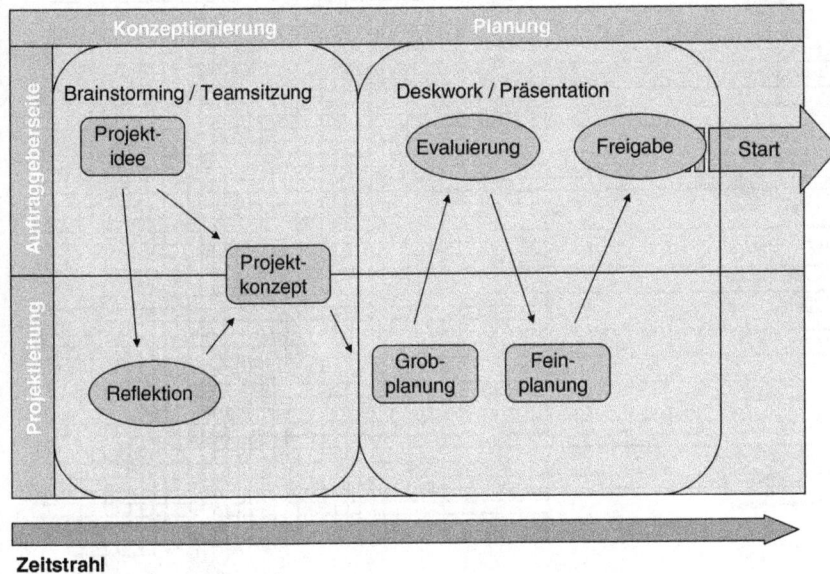

Abb 13: Beispielhafte Struktur der Projektplanungsphase

Die Phase der Projektkonzipierung und Planung endet mit der Freigabe der fertig dokumentierten Planung durch die Projektherrschaft. Zu diesem Zeitpunkt sollte das Projektkonzept in allen Dimensionen (inhaltlich, zeitlich, kostentechnisch) definiert und dokumentiert sein. Alle Projektstakeholder sollten zu einem Konsens über das Projektkonzept gelangt sein. Dieser Konsens muss auch die verantwortliche Projektleitung umfassen.

Schlüsseldokumente

Aus dem Reigen der Dokumente, die zu diesem Zeitpunkt zur Verfügung stehen sollen (siehe oben), gibt es zwei, die auch während der gesamten Projektdurchführung eine herausragende Bedeutung haben werden:

- der Projektablaufplan / Gantt-Chart
- der Projektarbeitsplan

Diese sollten, bereits nach Abschluss der Projektplanung, in groben Zügen stehen. Spätestens während der Projektinitialisierung muss eine abgestimmte Version zur Verfügung stehen.

Mit dem GANTT Chart es wird normalerweise möglich sein, alle Aktivitäten eines Projektes in Form von Zeitleisten auf einer einzigen Seite darzustellen. Dies ist sozusagen die Hubschrauber-Perspektive des Projektverlaufs.

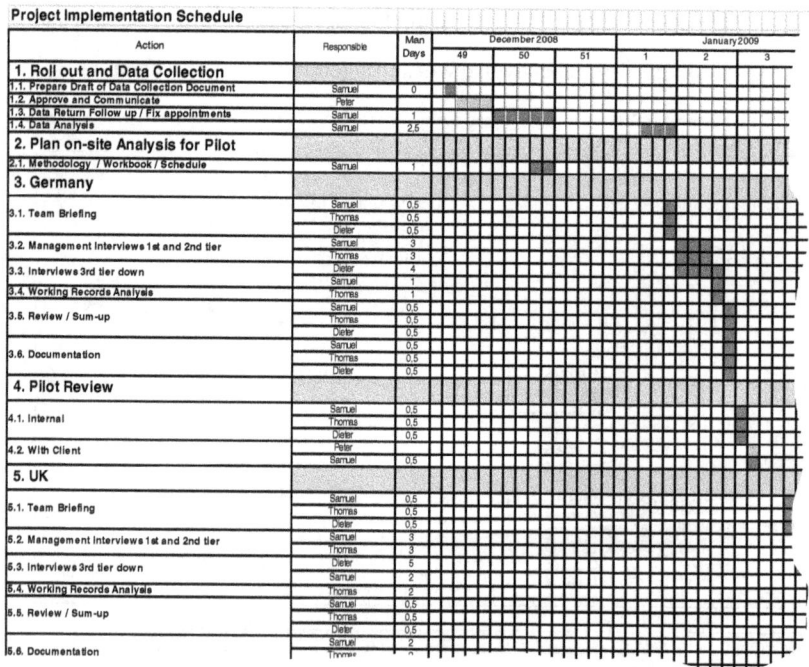

Abb.14: Gantt Chart

Logistikkostenoptimierung Produktionsverbund

Modul 1: Kickoff
Arbeitsplan

6.   Projektteam Briefing
7.   Abklärung Verfügbarkeiten
8.   Vereinbarung Kommunikationsrichtlinien
9.   Ausrollen Berichtswesen und Abrechnungsformular
10. Rollenverteilung / Kommunikationskonzept
11. Erstellung Einsatz- und Reiseplan
12. Ausarbeitung der Feinplanung und Meilensteine

Abb.15: Projektarbeitsplan

Hingegen geht der Projektarbeitsplan zumindest eine Stufe weiter ins Detail und beschreibt auch hinlänglich, wie in den einzelnen Arbeitspaketen vorgegangen werden soll.

„We never seem to have time to plan our projects, but we always have time to do them twice"

(Nie haben wir genug Zeit um unsere Projekte zu planen, aber immer haben wir genug Zeit um sie zweimal zu machen)

Aus J Rodney Turner: „The Handbook of Project-Based Management"

2.3   Projektinitialisierung

Die Projektinitialisierung beginnt mit der Entscheidung des verantwortlichen Steuerungsgremiums, das Projekt in der dargestellten Form durchzuführen.

Die nächsten Schritte sind die Information einer internen Öffentlichkeit und die Zusammenstellung des Projektteams. Man spricht hier auch manchmal von dem so genannten „kleinen Rollout" oder „Teamrollout". In dieser Phase sollen die Projektbeteiligten offensiv und umfassend über die Projektziele und das Projektkonzept informiert werden.

Am Anfang steht das „Kickoff"

Um eine Begriffsverwirrung zu vermeiden, sei an dieser Stelle auf die Unterscheidung zwischen dem hier behandelten „kleinen" Rollout, also Teamrollout, und dem „grossen" Rollout, oder Öffentlichkeitsrollout verwiesen.

Während beim kleinen Rollout das Projektkonzept einem kleinen Kreis von Teammitgliedern und Stakeholdern vorgestellt wird, geht es beim großen Rollout eventuell um die Präsentation der Projektergebnisse, die dann ja wiederum eine neue Projektkonzeption darstellen können.

Die verschiedenen Rollout-Techniken werden in größerem Detail noch in dem Kapitel 2.5 „Rollout" behandelt.

In Bezug auf Kommunikation soll nach dem Prinzip verfahren werden:

Tu es und sag es – und zwar zur gleichen Zeit

Damit ist folgendes gemeint:

Wie jedem einleuchtet, wäre es falsch, mit der Durchführung eines Projektes zu beginnen, und dies keinem der Betroffenen mitzuteilen. Umgekehrt wäre es jedoch genauso verantwortungslos, ein Projekt öffentlich anzukündigen und danach nicht unmittelbar auch Taten folgen zu lassen.

Öffentlichkeitsinformation zum richtigen Zeitpunkt

Deswegen soll die Information der so genannten „Projektöffentlichkeit", also all derer, die sich für das Projekt interessieren werden, sei es intern oder extern, gleichzeitig mit dem Beginn der sichtbaren Abarbeitung erfolgen.

Häufig ist dies auch der Zeitpunkt, an dem auch das „Staffing" (Manchmal auch mit „Crewing" oder mit „Resourcing" bezeichnet) des Projektes erfolgt, also die Rekrutierung von Projektmitarbeitern und deren Zuweisung zu bestimmten Projektrollen.

An dieser Stelle sind einige wichtige Entscheidungen zu treffen. Abgesehen von der Auswahl der Personen und deren Zuweisung zu Projektrollen muss die Frage beantwortet werden, wie deren organisatorische Aufhängung während der Projektlaufzeit aussehen soll.

Fortführung der Routineaufgaben regeln

Handelt es sich um Berater oder externe Projektressourcen, so ist dieses Problem gleich gelöst. Sollen aber Stamm-Mitarbeiter in die Projektstruktur eingebunden werden, so muss eine klare Entscheidung in Bezug auf die Fortführung der bisherigen funktionalen Aufgaben fallen.

- Wird die Projektarbeit ohne Freistellung und als Zugabe zu den bisher schon wahrgenommenen Aufgaben erwartet („Soda-Ressource")?
- Soll die bisherige Funktion weiter wahrgenommen werden, jedoch ein Zeitbudget für die Projektaufgaben bereitgestellt werden?
- Wird der Mitarbeiter von seinen bisherigen Aufgaben entbunden und widmet sich Vollzeit der Projektarbeit? Falls ja, was geschieht mit ihm nach Abschluss des Projektes und wie ist seine Vertretung / Nachfolge geregelt?

- Ist es gewollt oder unerwünscht, dass die einzelnen Projektmitarbeiter die Interessen ihrer Stammeinheit aus der funktionalen Aufbauorganisation im Projekt vertreten?
- Wo soll die Projektarbeit stattfinden?
  - An einem gemeinsamen Arbeitsplatz und abgeschottet vom Tagesgeschäft? (eine hierfür in einem besonderen Projekt einmal benutzte Bezeichnung war „Projektinsel")
  - Soll jeder an seinem angestammten Arbeitsplatz weiter arbeiten?
  - Kombinationen aus beiden Möglichkeiten?

Die Mobilisierung des Projektteams kann nicht immer von langer Hand geplant werden. Es sollte aber dafür gesorgt sein, dass der Übergang aus der funktionalen Organisation in die Projektorganisation unter transparenten Randbedingungen erfolgt, die sowohl für die entsendende Einheit, wie auch für die Projektmitarbeiter akzeptabel sind.

Die erste gemeinsame Sitzung wird häufig als „Kickoff-Meeting" – manchmal auch konventionell als „konstituierende Sitzung" bezeichnet. Gebräuchliche Bezeichnungen für die Projektinitialisierung sind auch „Project Launch" oder „Start-up".

Gleichzeitig ist dieser Zeitpunkt in mancher Hinsicht auch der „Point of no return", also der Punkt in der Projektbearbeitung, an dem eine Einstellung des Projektes ohne größeren Kollateralschaden nicht mehr möglich wäre, etwa vergleichbar mit dem Erreichen der kritischen Geschwindigkeit eines startenden Flugzeuges, mit der ein Abbruch des Start-Vorgangs nicht mehr möglich ist. | „Point of no Return"

Während also in der Phase der Projektkonzeption und -planung bewusst wenig kommuniziert wurde, geht es nun in der Phase der Projektinitialisierung darum, mit dem für die Projektdurchführung vorgesehenen Personenkreis in einen intensiven Dialog einzutreten.

Ziel ist es, das „Buy-In" der vorgesehenen Funktionsträger zu bekommen, also deren innerliche Akzeptanz der Projektziele und des Projektkonzeptes herzustellen. | „Buy-In" erreichen

Häufig wird in diesem Stadium das Projektkonzept, welches ja inzwischen die Grundlage der Arbeit bildet, von dem jetzt konstituierten Projektteam noch einmal auf den Prüfstand gestellt. Aufgabe des Projektleiters ist es nun, dieses Konzept mit Sachargumenten zu verteidigen, ohne bei jeder Gelegenheit darauf hinzuweisen, dass der Auftraggeber es nun mal so will. Dies wäre der falsche Weg, das oben erwähnte „Buy-In" zu erreichen. Naturgemäß ist es so, dass die nun betrauten Projektmitarbeiter, insbesondere dann, wenn sie frisch von der Uni kommen, dazu neigen, dass Projektkonzept, obwohl in aufwendigen Gesprächsrunden zwischen Auftraggeberseite (die ja immerhin den Spaß bezahlt) und erfahrenem Projektleiter abgestimmt, noch einmal neu zu erfinden. | „Konzeptprüfstand"

Diese Diskussion muss bis zu einem gewissen Grad zugelassen werden, schließlich dient sie auch dazu, das Projektteam mit dem Projektkonzept vertraut zu machen, ein gemeinsames Verständnis und eine gemeinsame Sichtweise auf das Projektkonzept („Shared Vision of Project Concept") zu entwickeln.

Dabei kommt ein Projektleiter, der ja den u. U. schwerfälligen Abstimmungsprozess mit dem Auftraggeber und vielleicht mit seiner eigenen Heeresführung (dem Beratungsunternehmen) miterlebt hat, leicht ins Schwitzen.

Ein Ratschlag, der hier gegeben werden kann, ist der, zunächst keinen allzu großen Widerstand aufzubauen, der die Begeisterung vielleicht bremsen würde, sondern es den unterschiedlichen Strömungen im Projektteam zu überlassen, sich gegenseitig abzumildern und zu relativieren.

Im Idealfall nachvollzieht das Projektteam in dieser Diskussion die gleichen Gedankengänge, die auch bei den Projektinitiatoren zur der vorliegenden Projektdefinition geführt haben und gelangt somit am Ende zu einem ganz ähnlichen Lösungskonzept.

Viele Köche verderben den Brei

Schließlich wird sich (hoffentlich) die Erkenntnis durchsetzen, dass ein Projekt nur nach einem Konzept durchgeführt werden kann und nicht nach mehreren.

Neue Erkenntnisse integrieren

Dort, wo im Zuge der Projektteamzusammenstellung und der nachfolgenden Diskussion des Projektkonzeptes wirklich neue Gesichtspunkte auftauchen und auch im Team ein Konsens darüber entsteht, kann die Auftraggeberseite nochmals eingeschaltet, und das Projektkonzept u. U. auch umformuliert werden. Eine solche Schleife sollte jedoch nur aus wichtigem Grund gefahren werden, denn sie kostet natürlich auch wiederum Geld und Zeit.

Rückendeckung ist Voraussetzung

Die Voraussetzung dafür, dass diese kritische Phase des Projektes von dem Projektleiter mit einer gewissen Lässigkeit bewältigt werden kann, ist jedoch eine ausreichende Rückendeckung von Seiten der Auftraggeber und insbesondere der eigenen „Heeresführung", also dem Beratungsunternehmen, falls er einem solchen untersteht.

Neuerfindung des Projektes „von unten" vermeiden

Auf keinen Fall darf dem Projektleiter bei dem geringsten Widerstand aus dem Projektteam der Boden unter den Füßen entzogen werden. Wenn zugelassen wird, dass das gesamte Projektkonzept noch einmal neu von unten nach oben erfunden und ausgerollt wird, dann macht man damit alle bisherigen Konzeptionierungsbemühungen zunichte.

Ansonsten ist es nun das Ziel, die Diskussion des Projektkonzeptes innerhalb des Projektteams abzuschließen, und sich anstatt dessen auf die Ausgestaltung und Umsetzung dieses Konzeptes zu fokussieren. Dies ist fortan der Bereich, wo sich jedes Teammitglied voll und ganz einbringen kann und soll.

„Soda-Ressourcen"

Insbesondere in Bezug auf die so genannten „Soda-Ressourcen" kommt dem Projektleiter die Aufgabe eines Verkäufers und Motivators zu. Mit „Soda-

Ressourcen" sind solche Projektmitarbeiter gemeint, von denen zwar erwartet wird, dass sie sich mit vollem Engagement in das Projekt einbringen, die aber ansonsten keinerlei Freistellung von ihren Routineaufgaben erhalten. Mitarbeiter also, die „sowieso da" sind, abgekürzt „Soda". Im Klartext, eine Projektleistung soll erbracht werden, ohne dadurch zusätzliche Kosten zu verursachen.

In jedem Fall ist es wichtig, detailliert festzuhalten, zu welchem Grad sich jeder der Projektmitarbeiter verpflichtet, dem Projekt zur Verfügung zu stehen, ob Vollzeit oder Teilzeit und in welchem terminlichen Rahmen.

Verfügbarkeit klären

Mit der Projektinitialisierung beginnen auch die Module „Projektkommunikation" und „Projektsteuerung". Ab jetzt läuft die Kostenuhr und der Terminplan. Für Selbstfindungsprozesse innerhalb des Projektteams oder methodische Prozessschleifen sollte jetzt keine Zeit mehr sein.

Kostenuhr beginnt zu laufen

Die eigentliche Projektorganisation, sowohl die Aufbau-, wie auch die Ablauforganisation, muss jetzt, also unmittelbar nach der Zusammenstellung des Projektteams, in Kraft gesetzt werden. Zu einem späteren Zeitpunkt würde die Implementierung ungleich schwieriger. Dies bedeutet, dass es eine klare Kommunikation in Bezug auf die Rollenzuweisung der Ressourcen und die damit verbundenen Erwartungen geben muss (Aufbauorganisation).

Vielleicht noch viel wichtiger ist jedoch die Vereinbarung der wichtigsten Spielregeln in Bezug auf die Ablauforganisation:

- Erfassung von Aufwand und Abrechnung der Kosten (siehe auch Kapitel 3.1 „Projektcontrolling und -abrechnung")
- Einhaltung von Qualitätsstandards (siehe auch Kapitel 3.2 „Qualitätssicherung")
- Dokumentation und Dokumentenaustausch (siehe auch Kapitel 3.3 bis 3.5 „Projektdokumentation")
- Projektkommunikation (siehe auch Kapitel 3.6 „Projektkommunikation")

Das für das Projekt gültige Regelwerk muss auch in der einen oder anderen Form schriftlich niedergelegt sein, sodass sich alle im Projektverlauf darauf beziehen können. Hier muss natürlich das Bestreben sein, dieses Schlüsseldokument des Projektes so übersichtlich, klar und verständlich wie möglich zu halten.

In manchen Fällen nehmen diese Regelungen jedoch einen Umfang an, der es erforderlich macht, ein regelrechtes „Projekthandbuch" zu erstellen. Dies kann jedoch inhaltlich von dem Einzelprojekt losgelöst sein, und beispielsweise für mehrere Projekte Gültigkeit haben. Oft wird es daher auf der Ebene eines Programmmanagements erstellt und verwaltet.

Projekthandbuch

In dem Werk von Rodney J Turner, „The Handbook of Project-Based Management", findet sich eine beispielhafte Inhaltsgliederung für ein solches Projekthandbuch. Es kann als Maximalrahmen und Checkliste dienlich sein:

- Projektbeschreibung und Projektziele
- Master Projektplan
- Management Plan
- Leistungsbeschreibung im Einzelnen
- Funktionale Spezifikation
- Evaluierungsverfahren und Evaluierungskriterien
- Projektrandbedingungen
- Risiken und Annahmen

Zusätzlich sei auf das Werk von Prof. Dr. Christel Niedereichholz „Unternehmensberatung – Auftragsdurchführung und Qualitätssicherung" verwiesen.

Die Projektinitialisierung endet mit der Information einer interessierten und betroffenen Öffentlichkeit über die Ziele und die Struktur des geplanten Projektes. Dabei ist die Reihenfolge entscheidend. Es gibt die Möglichkeit alle Stakeholders zur gleichen Zeit zu informieren, dann muss aber das Konzept der Gleichzeitigkeit wirklich ernst genommen werden. Nur so kann vermieden werden, dass einzelne Zielpersonen ihre Erstinformation von Dritten erhalten.

Kaskadierung der Projektinformationen Alternativ dazu können Projektinformationen auch in kaskadierender Form verbreitet werden. Dies bedeutet, dass zunächst nur die jeweiligen Bereichs- und Abteilungsleiter direkt durch das Projekt informiert werden, jedoch verbunden mit der Bitte, diese Informationen in der eigenen Organisation nach

Initialisierungscheckliste:

Ist das Projektziel klar und eindeutig formuliert? ☐

Besteht Übereinstimmung im Zielverständnis zwischen Auftraggeber und Auftragnehmer? ☐

Ist der Weg zur Erreichung des Projektzieles hinreichend beschrieben? ☐

Ist dieser Weg realistisch? ☐

Ist der Auftragnehmer in der Lage, das Projekt unter den vorherrschenden Randbedingungen durchzuführen? ☐

Sind die wichtigsten Risiken identifiziert und adressiert? ☐

Abb 16: Initialisierungscheckliste

unten zu tragen und gegenüber dem Middle Management und der Belegschaft zu vertreten.

Eng verbunden mit den Ausführungen zur Projektinitialisierung sind auch die Inhalte des Kapitels „Projektschnellstarttechniken" in Abschnitt 4.

2.4   Projektdurchführung

2.4.1   Funktionen der Projektleitung

Ein wesentlicher Erfolgsfaktor der Projektarbeit liegt in der Kontinuität der personellen Verantwortung. Es sollte Voraussetzung sein, dass die für die Durchführung verantwortliche Person identisch mit dem Gesprächspartner für die Auftraggeberseite, und identisch mit der Person, die für die Zusammenstellung und Motivation des Projektteams zuständig ist.
Personelle Kontinuität

Die ersten Tage und Wochen der Projektarbeit mit dem Team bieten dem Projektleiter die Möglichkeit, den Stil der Arbeit an diesem Projekt zu prägen.
Projektstil frühzeitig prägen

Zu diesem Zeitpunkt sind fast alle Projektmitarbeiter neu. Sie achten darauf, welche Gewohnheiten und Verhaltensweisen im Projekt „ok" und „nicht ok" sind. Der Projektleiter hat jetzt als Projektältester die einzigartige Chance, diesen Verhaltenskodex zu prägen. Lässt er diese Chance verstreichen, wird das Projektteam selbst entsprechende Standards setzen.

Wichtig ist es also in diesen Wochen, die Projektkommunikation mit den Teammitgliedern einzuüben, auf der termintreuen Abgabe von Berichten zu bestehen, Ergebnisse einzufordern, etc.

Vom Grundsatz her hat sich die Management-Funktion des Projektleiters auf mehreren Ebenen zu vollziehen, da ja verschiedene Klassen von Ressourcen Bestandteile der Projektumgebung sind:
Management-Ebenen

Finanzielle Ressourcen: Kosten und Payback

Materielle Ressourcen: Einsatz von Software, Hardware, Material, Anlagen und Gerät

Personelle Ressourcen: Management der am Projektgeschehen beteiligten Personen.

Bei der Projektform, die im Rahmen dieses Buches im Zentrum der Betrachtungen steht, nämlich dem klassischen Organisations- oder „Change"-Projekt, wird es aber so sein, dass das Management der Ressource „Mensch" für den Projektleiter eine absolute Priorität hat und immer im Vordergrund stehen wird.

Rolle(n) des Projektleiters

Worin besteht nun die Hauptaufgabe des Projektleiters in dieser Phase der operativen Projektdurchführung? Die Frage scheint akademisch, weil wohl selten ein Projektleiter die Zeit hat, sich darüber Gedanken zu machen.

Idealbild wird selten erreicht

Vielleicht sollte man daher sinnvollerweise auch fragen: Worin **sollte** die Hauptaufgabe bestehen?

Die Projektgrunddokumente (Projektablaufplan und Projektarbeitsplan) sind erarbeitet und abgestimmt. Die einzelnen Ressourcen sind auf Projektrollen verplant und in ihre Aufgaben eingeführt.

In der Idealvorstellung würde sich der Projektleiter nun also zurücklehnen und den Projektfortschritt aufmerksam beobachten. Dort, wo Planabweichungen sich andeuten, wird er behutsam und regulierend eingreifen.

Auch wenn dieses Ideal in der Phase der Projektinitiierung durchaus angestrebt werden sollte, so wird es doch selten bis nie erreicht.

Mobilisierungsfunktion drängt sich nach vorn

Der Normalfall ist der, dass der Projektleiter von Anfang an stark von der Aufgabe der Projektmobilisierung in Anspruch genommen wird. Die wenigsten Projektressourcen laufen nach einem Briefing von alleine los und erfüllen ihre Projektaufgabe selbst gesteuert. Es braucht auch einen Projektleiter, der die Arbeit im besten Sinne des Wortes „vorantreibt", als Ansprechpartner für die Zerstreuung von Zweifeln zur Verfügung steht, aber auch aufkommende Widerstände aufweicht.

In der Praxis passiert das Vorantreiben im Wesentlichen durch eine kontinuierliche Präsenz des Projektführungspersonals, nicht nur im örtlichen Sinne, sondern auch in inhaltlicher Hinsicht. Umso genauer der Projektleiter den aktuellen Projektstand kennt, auch im inhaltlichen Detail, umso eher ist ein zufrieden stellender Projektfortschritt gewährleistet.

Kleinräumige Taktung

Ein weiteres Mittel zur Sicherung des Projektfortschritts ist die kleinräumige Taktung des Projektes. Außer dem Endtermin für das Arbeitsmodul werden auch Zwischentermine gesetzt, zu denen Teilergebnisse erreicht sein müssen oder zumindest planmäßig zu berichten ist. Mehr und mehr geht man sogar dazu über, einfach einen wöchentlichen oder zweiwöchentlichen „Jour Fixe" einzuführen, an dem das Projektteam zusammenkommt und berichtet, unabhängig davon, was dann inhaltlich auf der Tagesordnung steht.

Steuerungsfunktion kommt oft zu kurz

Dementsprechend bleibt auch weniger Zeit und Energie für die Steuerungsfunktion übrig. Dies ist an sich schon ein Problem, wo doch von einer feinen und zeitnahen Projektsteuerung sehr viel abhängt.

Um einen Vergleich mit dem Wassersport herzustellen: Der Projektleiter muss für den nötigen Vortrieb sorgen. Deshalb kann er sich nur beschränkt auf das Steuer konzentrieren. Erst durch das professionelle Steuern wird aber ein wirklich gutes Ergebnis erzielt.

Auch hier sei daran erinnert, dass gutes Steuern beim Segeln bedeutet, frühzeitig und äußerst behutsam gegenzusteuern, sobald sich die geringste Kursabweichung abzeichnet. Ein weniger aufmerksamer oder weniger erfahrener Steuermann wird zu spät und dann übermäßig reagieren.

Auch diese Gesetzmäßigkeit aus dem Segelsport lässt sich auf die Kunst des Projektmanagements durchaus übertragen.

Weitere Reserven müssen im Zeitplan des Projektleiters vorgesehen werden, um ungeplante Teamprozesse zu begleiten und zu steuern. Diese können sich in Uneinigkeit über die konkrete Vorgehensweise äußern, oder aber in überlangen Diskussionen über Darstellungsformate. Im Hintergrund stehen vielleicht persönliche Konstellationen oder Einstellungen, die eine gedeihliche Zusammenarbeit im Team über Gebühr erschweren. Je nach Ausgangslage können diese Prozesse einen erheblichen Zusatzaufwand für den Projektleiter bedeuten. Die dadurch verursachten Aktivitäten sind in der folgenden Darstellung mit dem Oberbegriff „Gruppendynamik" subsumiert.

Gruppendynamik muss berücksichtigt werden

Auch wenn es nicht immer möglich ist, das Zeitprofil so zu gestalten, wie man es gerne möchte, so sollte der Projektleiter doch zu jeder Zeit seine Arbeitsweise im Auge behalten. Zu welchem Anteil ist der Tagesplan selbst programmiert und zu welchem Anteil werden ungeplante Aktivitäten von dem Projektleiter gefordert? Die Frage, die täglich eine Beantwortung braucht ist schließlich:

„Steuere ich das Projekt noch oder werde ich von dem Projekt gesteuert?"

Falls hier etwas dauerhaft aus dem Ruder läuft, dann müssen wirkungsvolle Gegenmaßnahmen geplant werden.

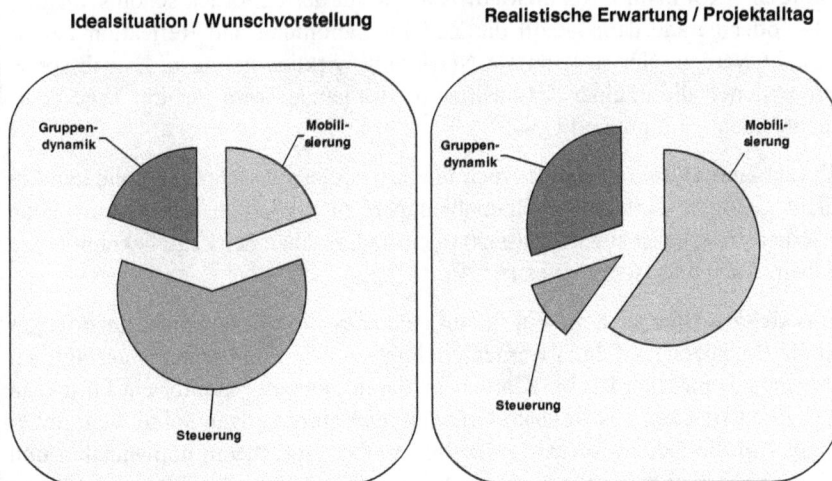

Abb.17: Struktur des Projektleitungsaufwandes

2.4.2   Krisenintervention

Auch wenn naturgemäß die Tendenz besteht, innerhalb und außerhalb des Projektes positiv zu kommunizieren, so muss der Kreis der Projektführungskräfte sich doch zu jedem Zeitpunkt im Klaren über den wahren Zustand des Projektes sein.

Es wird empfohlen, über die normalen Project Reviews hinaus, in regelmäßigen Abständen auch regelrechte Audits oder „Project Health Checks" durchzuführen. Bei diesen geht es nicht allein um aufgelaufene Projektkosten und Projektfortschritt, vielmehr soll auch der fundamentale Zustand des Projektes beleuchtet werden.

- Wie zufrieden und motiviert sind die Mitarbeiter?
- Wie gut funktioniert die Kommunikation?
- Haben sich neue Risiken ergeben oder sind bereits vorher bestehende Risiken größer geworden?
- Ist die Führungsstruktur noch angemessen?
- Ist der eingeschlagene Weg wirklich gangbar?

Warnzeichen frühzeitig erkennen

Warnzeichen müssen frühzeitig erkannt werden. Sie lösen zunächst eine noch genauere Beobachtung aus und führen, falls notwendig, zu entschiedenen Gegenmaßnahmen. Wie oben bereits geschildert, können diese weniger spektakulär sein, umso früher eine Intervention erfolgt.

Krisenintervention – gewusst wie

Da die Gründe, warum ein Projekt aus dem Ruder laufen könnte, sehr vielfältig sind, lassen sich an dieser Stelle keine Vorschläge zu passenden Gegenmaßnahmen machen. Auch wenn es hier keine Kochrezepte gibt, empfiehlt es sich jedoch, können jedoch folgende Empfehlungen gegeben werden:

Blinden Aktionismus vermeiden: Auch wenn der Zeitdruck schon sehr groß ist – oder gerade dann – soll die Zeit für Sammlung und Reflexion bereitgestellt werden. Nur so kann ein Neuanfang wirklich gelingen. Es gab schon Projektleiter, die in einer Krisensituation das ganze Team für drei Tage beurlaubt haben – mit gutem Erfolg.

Ursachenanalyse betreiben: Auch in einer noch so verfahrenen Lage kann es nicht genügen, einfach Abhilfemaßnahmen zu verordnen, ohne vorab auch Klarheit (möglichst sogar Konsens) über die Ursachen der Lage bekommen zu haben. Auch dies ist gut investierte Zeit.

Das sichere Ufer suchen: Ein in Not geratenes Projekt darf nicht noch weiter in die Risikozone gefahren werden, vielmehr ist Konsolidierung angezeigt, wo immer dies möglich ist. Im Klartext ist damit gemeint: Kommt ein Projekt in den roten Bereich, aus welchen Gründen auch immer, dann sollte nicht unbedingt Abhilfe darin gesucht werden, indem das Projektteam unplanmäßig und überstürzt verstärkt wird. In einer ohnehin schon instabilen Situation besteht eine große Wahrscheinlichkeit, dass eine negative Abwärtsspirale entsteht.

Sinnvoller ist es meistens, die Projektkonstellation zu entkomplizieren, das heißt zum Beispiel, die Problem verursachenden Teile des Projektteams zu deaktivieren, das Projektziel zu reduzieren, den Zeitplan zu strecken oder sich zunächst nur auf die Erreichung eines Teilzieles zu fokussieren.

Dies erfordert natürlich eine offene Kommunikation zur Auftraggeberseite hin, auch wenn dies manchmal nicht leicht fällt. Es führt jedoch nicht weiter, nach außen hin eine heile Welt vorzuspiegeln, wenn schon einmal Probleme da sind.

Nachdem es gelungen ist, auf diesem Wege wieder in ruhigeres Fahrwasser zu gelangen, kann die Projektgeschwindigkeit und die Komplexität wieder schrittweise erhöht werden, auch indem wieder weitere Ressourcen integriert werden und zusätzliche Aktivitäten begonnen werden.

Dennis Healey´s first law of holes:

„If you find yourself in a hole, stop digging"

(Dennis Healey´s erstes Gesetz der Löcher: „Wer sich in einem Loch findet, soll aufhören zu graben")

2.4.3 Zentrale Projektdokumente

Innerhalb kürzester Zeit nach Projektbeginn wird sich das Projektlaufwerk mit zahlreichen projektrelevanten Dokumenten und Unterlagen füllen.

Projektkonzept

Einige dieser Dokumente sind jedoch so zentral, dass sie an einem besonders leicht zugänglichen Ablageort aufbewahrt werden sollten. Auf sie kann und soll immer wieder zugegriffen werden. Sie bleiben während der gesamten Projektlaufzeit im Fokus für das ganze Team und bilden sozusagen das „Projektcockpit". Beispielsweise können dies folgende Unterlagen sein:

- Projektauftrag im Wortlaut, insbesondere Projektziele und Randbedingungen
- Projektbudget
- Projektzeitplan
- Durchführungsplanung mit Manntagesbudget; fortlaufendes Projektfortschritts-Controlling
- Projektorganisation
- Organigramme und Telefonlisten
- Rollierende Kurzfrist To-Do-Liste
- Rollierende Kurzfrist Terminliste

2.4.4   Projektwucherungen

So unglaublich es klingt, auch Projekte der nachfolgend beschriebenen Art sind nicht selten:

Fallbeispiel

Zunächst wird eine Projektaufgabe definiert, eine Projektorganisation aufgesetzt und ein dreimonatiger Abarbeitungszeitplan beschlossen. Nach 12 Kalendermonaten, der dritten Aufstockung der Projektressourcen und der fünften Überarbeitung des Projektplanes sind gerade einmal 35 % Fertigstellungsgrad erreicht. Der Projektleiter wurde schon zweimal ersetzt, das Projektpersonal ist total frustriert und keiner meldet sich mehr freiwillig für eine Mitarbeit in diesem Projekt.

Projektabbruch würde
Imageschaden bedeuten

Was ist geschehen? Ein Projekt ist vollkommen aus dem Ruder gelaufen. Riesige Kosten sind aufgehäuft und die Sache wird nur noch deshalb mit Macht voran getrieben, weil sonst ein noch größerer Imageschaden entstehen würde.

Sicherlich wird jeder, der bei so einem Vorhaben live dabei war, alles dafür tun, um so etwas nicht noch einmal erleben zu müssen. Aber wo liegen die Ursachen und wie kann man derartige Entwicklungen vermeiden?

110 % Gründlichkeit

Natürlich können die Ursachen vielfältig sein, sehr häufig liegt die Ursache jedoch in der Ausbildung von Wucherungen, die eigentlich nie eingeplant waren und das Projekt immer weiter aufblähen, bis es irgendwann einmal unter der Last der eigenen Projektverwaltung zusammenbricht.

Die Gefahr von Projektwucherungen ist umso größer, desto umfangreicher die Projektaufgabe von Anfang an ist. Was jedoch nicht heißen soll, dass es nicht auch bei kleinen Projekten passieren kann.

Ausweg Modularisierung

In jedem Fall ist es aber ratsam, dort wo dies möglich ist, ein Projekt von vorn herein zu modularisieren, d. h. aus einem großen Vorhaben eine Anzahl kleinerer zu machen, die zwar unabhängig voneinander ablaufen können, von denen jedes für sich jedoch ein genau definiertes Projektteilergebnis liefert. Nach wie vor wird es Verknüpfungen zwischen den einzelnen Modulen geben. Sie müssen sich gegenseitig nach einem genauen Plan befruchten und sich auch Ergebnisse zuliefern müssen. Man spricht hier von so genannten „Aufgaben Hierarchien". (Task Hierarchies)

Damit ist die Gefahr verringert, aber noch lange nicht gebannt.

Projektaufgleisung ist
entscheidend

Wenn ein Projekt sich aufbläht und am Schluss einem banalen Ergebnis ein riesiger Aufwand gegenübersteht, dann war diese Entwicklung meistens schon zu Projektbeginn vorgezeichnet. Der Schlüssel liegt in der Anlage und Eröffnung eines Projektes. Dies soll an dem folgenden Beispiel verdeutlicht werden:

Projektaufgabe: **Fallbeispiel**

Befragung von Mitarbeitergruppen aus dem mittleren Management um deren Fachwissen, Know-how und Einschätzungen aufzunehmen.

Auf der Grundlage dieser Befragung soll eine Marktentwicklungsstrategie entwickelt werden.

Lösungsweg 1:

- Eine TOR (Terms of Reference) wird ausgearbeitet und vorgestellt
- Das Projektteam wird zusammengestellt
- Ein Gesprächsleitfaden wird ausgearbeitet und getestet
- Eine Dokumentationsvorlage wird ausgearbeitet und getestet
- Die Projektmitarbeiter werden gebrieft
- Die Befragungen werden durchgeführt und dokumentiert
- Die Gesprächsdokumentation wird ausgewertet
- Die wichtigsten Erkenntnisse werden herausgearbeitet
- In einem Workshop wird nun eine Marktentwicklungsstrategie formuliert

Lösungsweg 2:

- Eine Projektskizze wird in einer PowerPoint Präsentation vorgestellt
- Es wird eine Projekt Kosten- / Nutzenanalyse ausgearbeitet.
- Es wird ein Projektnetzplan mit Meilensteinen ausgearbeitet
- Es wird ein Projektbudget aufgestellt
- Es wird eine Projektressourcenplanung erstellt
- Ein Methodenentwicklungsteam wird ins Leben gerufen.
- Für die Mitglieder des Befragungsteams, welches noch zu bilden ist, wird ein Eignungsprofil erstellt
- Ein externes Team wird mit der Projektleitung beauftragt
- Ein Steering Committee wird konstituiert
- Das Projekt erhält fachliche Beratung und Begleitung von einer Hochschule
- Das eigentliche Befragungsteam wird zusammengestellt
- Die Methodenentwicklung wird noch einmal auditiert
- Die Methode ist jetzt auch wissenschaftlich abgesichert und vom Steering Committee genehmigt
- Das Befragungsteam wird fachlich vorbereitet
- In zeitlicher Hinsicht ist das Projekt nun in Rückstand geraten
- Um diesen wieder einzuholen, wird ein Projektfortschrittsreporting eingeführt
- Es wird ein standardisiertes Dokumentationskonzept für alle Projektunterlagen ausgearbeitet und ausgerollt
- Die Zusammenstellung eines Analyseteams wird vorbereitet

- In jedem Organisationsbereich wird ein Projektansprechpartner ernannt
- Ein Projektrolloutplan wird erstellt
- Es wird ein Jour Fixe eingeführt, an dem sich alle Projektmitarbeiter treffen und über den Fortschritt berichten
- Wöchentlich wird jetzt ein Projektzwischenbericht erstellt und dem Steering Committee vorgelegt
- Die aufgelaufenen Projektkosten überschreiten bereits jetzt das veranschlagte Budget
- Es wird daher ein Projektkostencontrolling eingeführt, um weitere Budgetüberschreitungen zu begrenzen
- Ebenso wird eine Projektkapazitäts- und Anwesenheitsplanung eingeführt, da die meisten Mitarbeiter nur einen Teil der Zeit im Projekt sind
- Die Templates für die Befragung und anschließende Analyse werden erarbeitet
- Es wird ein Projektnewsletter eingeführt, in dem wöchentlich alle neuen Projektinformationen verbreitet werden
- Da das Projekt als zu langsam und schwerfällig in Verruf geraten ist, wird eine Imagekampagne gestartet, die die Projektarbeit und die Projektziele im Unternehmen besser publik machen soll
- Inzwischen hat im Projekt eine gewisse Fluktuation eingesetzt, es ist erforderlich, eine Dokumentation zu erarbeiten, mit Hilfe derer neue Projektmitarbeiter in kürzester Zeit mit den Projektregularien (Ansprechpartner, Reporting, Dokumentationsregeln, Dokumentenstruktur, etc.) vertraut gemacht werden können
- Es werden Richtlinien herausgegeben, wie sich die Projektabrechung zu gestalten hat, da hier verschiedene Fragen aufgeworfen wurden

Vieles ist möglich, manches ist sinnvoll

An dieser Stelle muss der Projektverlauf wohl nicht mehr weiter geschildert werden. An diesem fiktiven und zugegebenermaßen stark überzeichneten Beispiel wird deutlich: Viele professionelle Dinge können in einem Projekt gemacht werden.

Entscheidend ist, dass nur das wirklich umgesetzt wird, was auch auf dem kürzesten Weg zum Projektziel führt.

Was beim Lösungsweg 1 mit der Hand am Arm immerhin geklappt hat, ließ sich im Fall 2 trotz größter Bemühungen zum Schluss nicht verwirklichen.

Konkrete Arbeitsanweisungen

Das Konzept muss im Wesentlichen daraus bestehen, aufzuzeigen, was zu tun ist – und zwar sehr konkret – um das Projektziel zu erreichen. In weiteren Schritten eventuell noch – das ist noch nicht einmal Pflicht – wer es zu tun hat, und bis wann. Alles weitere kann sich dann aus der Projektarbeit ergeben.

Den direkten Weg finden

Es ist dann die Aufgabe des kostenbewussten Projektmanagers, das Projektziel auf dem direktesten Weg anzusteuern, und alle Tätigkeiten zu vermeiden, bzw. auch zu untersagen, die diesem Zweck nicht direkt dienlich sind.

Aufgabe eines professionellen „Scope Management" im Projekt ist es

- genau die Arbeitsinhalte zu definieren, die zur Zielerreichung erforderlich sind
- dafür zu sorgen, dass die Arbeitspakete nahtlos ineinander greifen
- unproduktive, überflüssige oder duplizierende Arbeiten zu vermeiden

Wer sich also irgendwann einmal dabei ertappt, gerade am Entwurf einer Agenda für das Vorbereitungsmeeting für ein Projektkonzeptionierungsworkshop zu arbeiten, der sollte sich spätestens an dieser Stelle fragen, ob in dem Projekt nicht etwas außer Kontrolle geraten ist.

Ein weiteres Risiko ist häufig der Umstand, dass viele Personen in ein Projekt involviert sind, egal ob hauptamtlich, als Teilzeitprojektmitarbeiter, Koordinatoren, Kümmerer, wissenschaftliche Beiräte, Projektmanager, Steuerungsverantwortliche oder Supportpersonen. Je umfangreicher der involvierte Personenkreis, desto größer ist die Herausforderung, Projektwucherungen im Keim zu ersticken.

Es gibt jedoch auch Fallstricke inhaltlicher Art. Häufig entstehen Projektwucherungen durch das so genannte „Aufspannen" eines Themas.

Auch hierzu sei ein Beispiel angeführt:

Aufgabenstellung:

Ein mittelständisches Serviceunternehmen plant einen neuen Webauftritt, welcher zahlreiche Serviceleistungen, die bisher noch per Mail und Telefon abgewickelt werden, in Zukunft virtuell ermöglichen könnte.

Eine Arbeitsgruppe aus den verschiedenen Servicebereichen wird zusammengestellt, die sich nun Gedanken darüber machen soll, welche Serviceleistungen sich für eine Aufnahme in das Webportal eignen und wie die Leistung dann gestaltet sein soll.

Alle diese Ideen und Anregungen sollen so dokumentiert sein, dass ein nachfolgendes Programmiererteam in der Lage wäre, die Produkte auch als Webdienstleistung umzusetzen.

Umsetzung:

Die Arbeitsgruppe wird von einem externen Berater geleitet, der bisher hauptsächlich als Gruppen- und Workshopmoderator unterwegs war. Er ist weder mit den Dienstleistungen vertraut, um die es geht, noch hat er Erfahrung damit, wie man ein Pflichtenheft für eine Webprogrammierung erstellt.

Somit haben wir die klassische Konstellation, in der das Fachwissen komplett bei den Mitgliedern der Arbeitsgruppe, das Methodenwissen und die Leitungskompetenz in der Person des Projektmanagers liegt.

Dieser versammelt die Arbeitsgruppe zu einem ersten Workshop und lässt jeden die Dienstleistung vorstellen, die er bisher vertritt. Als Hausarbeit soll jeder seine Dienstleistung schriftlich dokumentieren.

Im zweiten Workshop stellt jeder seine Dienstleistung in dokumentierter Form vor.

Einige haben eine einfache Textbeschreibung angefertigt, andere ein Ablaufdiagramm gezeichnet, wieder andere haben bereits in Excel eine kleine Programmskizze angefertigt, eben entsprechend der Charakteristik der beschriebenen Dienstleistung.

Dies bringt den Projektleiter / Moderator auf die Idee, die Gruppe an der Frage arbeiten zu lassen, welche Darstellungsformen für die Dienstleistungen möglich sind.

In Form eines Brainstorming zerbricht sich nun jeder den Kopf darüber, welche Darstellungsformen noch denkbar wären.

Der Moderator sammelt alle Vorschläge auf der linken Seite des Flipcharts. Als keine weiteren Vorschläge mehr kommen, beschriftet er die obere Leiste des Flipcharts mit den Namen der Dienstleistungen, und siehe da, es ist eine Matrix geboren.

Als Hausaufgabe bekommen nun alle Teammitglieder die Aufgabe, jede Dienstleistung in jeder der aufgezählten Darstellungsformen zu beschreiben.

Erst jetzt dämmert den bis dahin begeisterten Workshopteilnehmern, was sie sich eingebrockt haben. Für jede Dienstleistung ist nun also, relevant oder nicht, eine Excel-Tabelle, ein Flowchart, eine Textbeschreibung, eine Datenbankstruktur, eine Formelsammlung, eine graphische Maskenskizze, eine Beschreibung der Zielgruppe sowie eine Auflistung von Chancen und Risiken zu erstellen.

Obwohl offensichtlich ist, dass jede Dienstleistung sich in einer anderen Darstellungsform am besten beschreiben lässt, und – je nach Produkt – die meisten Darstellungsformen vollkommen widersinnig sind, besteht der Projektleiter nun darauf, dass dieses Arbeitsprogramm durchgezogen wird.

Anstatt also eine definierte Aufgabe einfach nur so pragmatisch wie möglich abzuarbeiten, wurde hier ein Thema von einem Workshopmoderator, der ja im Strukturieren von Themen Erfahrung hat, professionell „aufgespannt".

Probleme durch
Priorisierung der Form
anstatt des Inhalts

Das heißt, es ist eine Form entstanden, im vorliegenden Fall die beliebte und leicht zu verstehende, weil so einfache Matrix, bekannt aus jeder Tabellenkalkulation, die in der Folge das Arbeitsprogramm für die Gruppe vorgibt. Dem Verursacher, sprich Moderator bietet diese Form die Sicherheit, keinen Aspekt des Themas unberücksichtigt zu lassen, auch wenn er selbst das Thema vielleicht überhaupt nicht verstanden hat.

In gruppendynamischer Hinsicht ist hier wahrscheinlich folgendes passiert:

Der fachfremde Projektleiter fühlte sich unsicher wegen der Komplexität des Themas, welches er nicht zu durchdringen vermochte. Anstatt sich also in die Rolle des Facilitators und Moderators zu begeben, ergreift er die Rolle eines Oberlehrers und zwingt die Gruppenmitglieder in ein sehr enges methodisches Raster. Nun kommt zu der eigenen Unsicherheit noch der Widerstand der Gruppe als zweiter Misserfolgsfaktor.

Für die Projektarbeit ist jedoch eine verhängnisvolle Situation entstanden, weil die eigentlichen Experten entmündigt wurden, und sich jetzt mit dem Ausfüllen von Tabellenfeldern befassen anstatt wirklich kreative Arbeit leisten zu können.

Neben der Matrix / Tabelle tauchen hier auch jede Menge so genannter „Templates" auf, elektronische Formulare, häufig also Dinge, die mit Excel leicht zu erstellen und zu vervielfältigen sind.

Auch Templates können als Arbeitsbeschaffungsmaßnahme missbraucht werden

Die Erfahrung zeigt, dass es der falsche Weg ist, gleich nach der Definition eines Projektzieles großzügig ein Budget an Geld und Manntagen bereitzustellen. Auf der Durchführungsebene wird man sich dann daran machen, dieses Budget auch „auszufüllen". Wenn sich dieser Ansatz erst einmal einschleift, sind am Schluss fast immer Budgetüberschreitungen die Folge.

Großzügige Budgetierung ist kein Erfolgsgarant

Die Projektplanung muss sich immer am direktesten Weg zum Projektziel orientieren. Nur solche Arbeitsschritte, die hier unbedingt notwendig sind, dürfen aufgenommen werden, und selbst diese sind noch einmal zu hinterfragen.

Ebenso dürfen nur die Personen in das Projekt mit eingeplant werden, die zur Projektzielerreichung notwendig sind. Das Projektresultat wird nicht allein dadurch besser, dass viele Mitarbeiter aus den verschiedensten Bereichen mitgewirkt haben.

Keine überflüssigen Akteure

Auf der Grundlage dieser Planung wird dann eine Aufwandskalkulation gemacht, diese mit einer Sicherheitsmarge von 10 % versehen und zum Projektbudget erhoben. Ab jetzt muss es Ziel sein, nicht nur das Budget einzuhalten sondern es zu unterschreiten.

2.5 Rollout

2.5.1 Begriffsklärung

Das Wort „Rollout" stammt aus dem Flugzeugbau und bezeichnet den Vorgang des „Herausrollens" (zum Beispiel aus einem Hangar) eines fertigen oder nahezu fertigen Objektes und somit des erstmaligen Zeigens für eine breitere Öffentlichkeit.

Ein „Rolloutplan" heißt also nicht etwa deshalb so, weil er auf einem Din A 1 Bogen kopiert ist und somit vor einer jeden Präsentation zuerst „ausgerollt" werden muss. (Ja, solche Missverständnisse halten sich hartnäckig)

Bei den meisten Projekten wird mit der Projektinitiierung die volle Projektkommunikation nach außen hin vollzogen. Auch in dem Kapitel 2.3. „Projektinitialisierung" war ja schon von dem Rollout die Rede.

Hingegen gibt es einige Projekttypen, bei denen dieser Vorgang des „Ausrollens" in zwei Stufen erfolgt.

Um hier ein Beispiel zu geben:

Fallbeispiel

Mit der Projektinitiierung wird ein Projektteam für die Entwicklung einer Anwendung zusammengestellt. Zu dem Zeitpunkt, an dem das Softwareprodukt einen ausreichenden Reifegrad erreicht hat, erfolgt nun der Produkt-Rollout. Das Produkt wird potentiellen Anwendern vorgeführt und das Field-Testing beginnt. Gleichzeitig läuft die Kommunikations- und Marketingmaschinerie an.

Wie schon gesagt, diese Phase gibt es nicht bei allen Projekten. Der Ablauf ist zu einem großen Teil vergleichbar mit der Vorgehensweise bei der Initialisierung eines Projektes, nur dass man es hier nicht mit einem Projektteam, sondern in der Regel mit einer größeren Öffentlichkeit zu tun hat.

Insofern ist der Rollout auch unabhängig von der Projektinitialisierung zu sehen. Einen Rolloutprozess kann es zur Projektinitialisierung, oder aber auch zum Projektabschluss geben.

In punkto Kommunikation ist aus der Sicht des Projektmanagements hierzu nicht sehr viel mehr zu sagen. Es sei auf das Kapitel 3.5.1 „Externe Kommunikation" verwiesen.

Kommunikationgesichtspunkte sind jedoch nicht der einzige Aspekt einer Rolloutplanung. Sehr häufig geht es auch darum, ein Konzept, bzw. eine Lösung in einer sinnvollen Reihenfolge an verschiedenen Unternehmensstandorten oder Regionen zu implementieren.

2.5.2   Pilotierung und Field Testing

Pilotierung vermindert Risiken

Anstatt ein großes Implementierungsteam aufzubauen und ein Projekt gleichzeitig über den ganzen Scope hinweg auszurollen, entscheidet man sich bewusst mit einem kleinen und gut vorbereiteten Team zu arbeiten und den Implementierungsprozess zu strecken. Auch aus Kapazitätsgründen ist ein gleichzeitiges Ausrollen oft nicht möglich.

Einfache Aufgaben kommen zuerst

Erfahrene Projektleiter tendieren dazu, ein jegliches Konzept zu pilotieren, bevor ein Ausrollen in die Breite erfolgt. In den wenigsten Fällen wird mit den wichtigsten Standorten / Organisationseinheiten begonnen. Man wählt also am Anfang kleine und einfache Implementierungsaufgaben, oft auch solche Anwendungsumgebungen, wo ein nicht ganz so reibungsloser Ablauf keine schwerwiegenden Auswirkungen hätte.

Für den ersten Test wird oft ein so genannter „Friendly Customer" gewählt, also ein Partner, von dem eine große Toleranz, auch gegenüber Implementierungsfehlern erwartet wird.

Werden die Learnings aus den ersten Etappen systematisch aufgearbeitet, dann ist sichergestellt, dass in den folgenden Implementierungsphasen ein erfahrenes Team agiert und keine großen Probleme auftreten.

Learnings aufarbeiten

Zwei weitere gängige Konzepte des Rollout Prozesses sollen hier Erwähnung finden:

- Technik der wachsenden Foren
- Realisierung von „Quick-Wins"

2.5.3   Technik der wachsenden Foren

Soll eine Projektidee einer großen Personengruppe näher gebracht werden, so besteht die Möglichkeit, die Technik der wachsenden Foren anzuwenden, um zu verhindern, dass die Idee von dem großen Personenkreis zerredet oder sofort verworfen wird, ohne näher darauf einzugehen. Das Funktionsprinzip besteht darin, dieses Konzept zunächst gründlich in einem kleineren (Schlüssel-) Forum auszurollen bis sicher gestellt ist, dass das Konzept in dieser Zielgruppe gut verankert ist, bevor man dazu übergeht, eine nächste, größere Zielgruppe zu bearbeiten. Das Rollout in dem nächst größeren Gremium soll dabei so gestaltet werden, dass sichtbar wird, dass das erste Gremium voll hinter der Idee steht. (Auf diese Weise ist eine breite Akzeptanz in dem nachfolgenden, größeren Forum wahrscheinlicher, als wenn dies auf direktem Wege geschieht.)

Zunächst im kleinen Forum ausrollen

In gleicher Weise kann natürlich auch ein Ausrollen in ein noch größeres Forum erfolgen. In jedem Fall ist der Rolloutprozess gestuft: anstatt alle Zielgruppen gleichzeitig zu bearbeiten, werden diese differenziert, und es erfolgt ein sukzessiver Rollout für jede der Gruppen mit aufsteigendem Schwierigkeitsgrad.

Gestufter Rolloutprozess

Am Ende des Überzeugungsprozesses im kleineren Forum steht die Vereinbarung, das Konzept gemeinschaftlich in das größere Forum tragen zu wollen und dort zu vertreten. Diese Vorgehensweise ist integraler Bestandteil der Technik. In dem größeren Forum muss sichtbar werden, dass das Vorstufenforum Promotor und uneingeschränkter Vertreter des Konzeptes ist.

Auf diese Weise lässt sich systematisch ein wachsendes Implementierungsmomentum aufbauen.

Umsetzungsmomentum

Projektidee

Verstärkung des Umsetzungs-
momentums durch sich
vergrössernde Foren

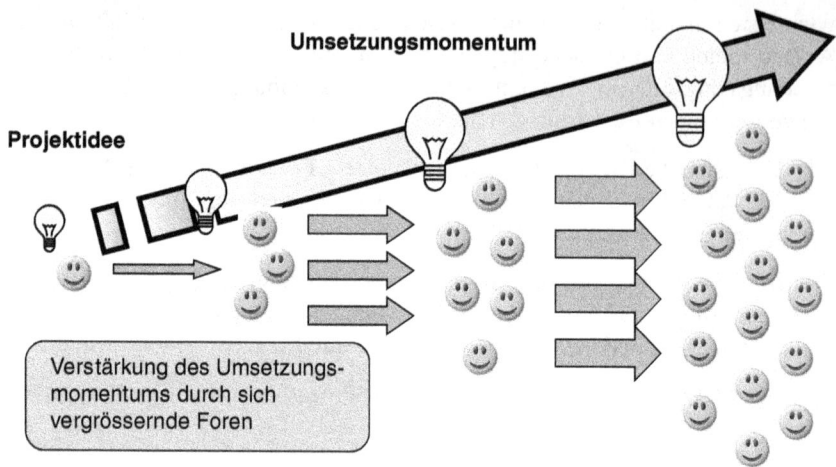

Abb.18: Technik der wachsenden Foren

2.5.4   Realisierung von „Quick Wins"

Besonders Projekte, die von Anfang an unter kritischer Beobachtung durch die Auftraggeberseite oder eine größere Projektöffentlichkeit stehen, unterliegen dem Druck, ganz frühzeitig Resultate zu zeitigen.

Projekterfolge beflügeln

Bei „normalem" Projektverlauf stellen sich erste Projektresultate vielleicht erst nach einer vernünftigen Vorlaufzeit ein. Für eine überkritische Projektöffentlichkeit hingegen, kann das schon zu lange sein. Außenstehende verstehen oft nicht, dass gewisse Dinge ihre Zeit brauchen. Aber auch für direkt am Projektgeschehen beteiligte Personen ist es überaus motivationsfördernd, wenn bereits nach kurzer Zeit erste Projekterfolge sichtbar werden.

Mitunter ist es notwendig, den Projektablaufplan speziell unter diesem Gesichtspunkt zu gestalten. Dies geschieht, indem die Projektarbeit am Anfang auf so genannte „Low Hanging Fruit" (Tief hängende Früchte) fokussiert wird. Maßnahmen, die bei geringem Aufwand einen großen Nutzen bringen, werden also ganz bewusst vorgezogen (selbst dann, wenn vielleicht eine spätere Einplanung methodisch sinnvoller gewesen wäre). Der Gesichtspunkt einer sinnvollen Sequenzierung wird also bewusst in den Hintergrund gestellt, um die Realisierung dieser „Quick Wins" (Schnellen Erfolge) zu ermöglichen.

Nachhaltigkeit rückt in die zweite Reihe

Auch dem Aspekt der Nachhaltigkeit wird unter Umständen ein geringerer Stellenwert zugewiesen, als dies vielleicht sonst der Fall wäre. Im Klartext heißt dass: Auch wenn die erzielten Erfolge vielleicht nicht nachhaltig sind, so können sie trotzdem dazu dienen, die Projektleistungsfähigkeit zu demonstrieren.

Projektnutzen
Projektkosten

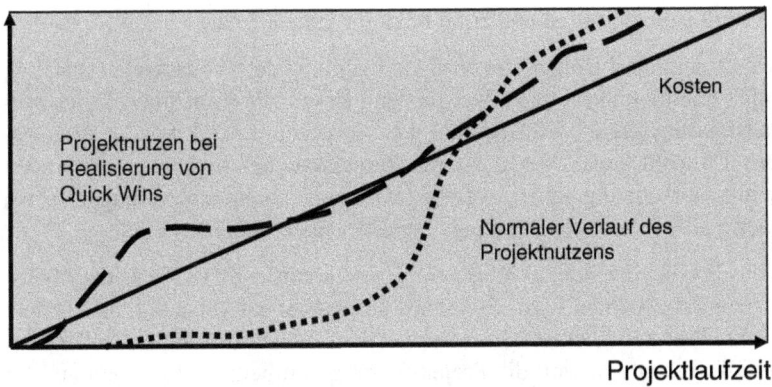

Abb.19: Realisierung von „Quick Wins"

Diese Methode kann also zwar durchaus in legitimer Weise angewandt werden, um in einer kritischen Anfangsphase eine gute Projektwirtschaftlichkeit
zu zeigen, die Grenze zum Missbrauch ist jedoch auch sehr schnell überschritten.

Grenze zum Missbrauch
ist schnell überschritten

Unternehmensberater haben viel Erfahrung darin, bereits zu Beginn eines
Assignments handfeste Ergebnisse vorzuweisen. Instinktsicher wenden sie sich
den Bereichen zu, wo mit wenig Aufwand große Verbesserungen zu erzielen
sind. Dies ist auch sinnvoll, weil die Projekterfahrung lehrt, dass so genannte
„Slow Wins" zum Schluss oft gar nicht realisiert werden, weil der Wille auf
der Auftraggeberseite fehlt, diese zu finanzieren.

Im Bereich der klassischen Unternehmensberatung hat sich herausgestellt,
dass besonders Projekte, die sich zum Beispiel auf den Einkauf oder das
Supply Chain Management beziehen, diese Quick Wins ermöglichen, während
Projekttypen, die stark auf den Humanfaktor abzielen, (zum Beispiel Fortbil-
dung und Verhaltensänderung bei den Mitarbeitern), eben die klassischen
Slow Wins sind und deshalb in Zeiten knapper Kassen auch zurückgestellt
werden.

Beschaffungsoptimierung
ist häufig ein „Quick
Win"

2.6 Projektabschluss und Evaluierung

Beim Projektstart werden die Regeln des Projektmanagements meist noch
recht genau befolgt und das Vorhaben wird oftmals „mit Pauken und Trom-
peten" vom Stapel gelassen. Ressourcen werden mobilisiert, Vorbereitungen

getroffen und bereits vor dem Kick-Off ist ein hoher Aufmerksamkeitsgrad erreicht.

Anders stellt sich die Situation häufig beim Projektende dar:

War das Projekt ein Erfolg, dann wird die Erfüllung des Projektzieles bestätigt, die Projektleitung entlastet und anschließend lassen alle Projektbeteiligten voller Erleichterung „den Löffel fallen", d.h. sie gehen einfach wieder ihrer gewohnten Tätigkeit nach. Waren externe Ressourcen beteiligt, so wird es noch eine Schlussabrechnung geben, eventuell wird auch noch vom Auftraggeber ein Feedback zu der erbrachten Leistung eingeholt. Aber dann hat es sich.

Wenn das Projekt dagegen als Misserfolg, und damit in einer Phase der höchsten Anspannung beendet wird, dann wird mitunter sogar versäumt, das Projekt ganz offiziell abzuschließen. Die verschiedenen Projektbeteiligten stellen einfach ihre Tätigkeit ein, weil die Projektführung von heute auf morgen aufhört zu agieren.

Es ist schockierend festzustellen, dass bisweilen für Projekte, die gerade einmal ein halbes Jahr zurückliegen, kein Ansprechpartner mehr zu finden ist, der beispielsweise Auskunft darüber geben könnte, wo bestimmte Projektdokumente noch aufzufinden wären.

Projekterfolg sichern | Und dabei sind es nur einige wenige Dinge, an die nach Abschluss eines Projektes noch zu denken ist:

- Vergleich der Projektergebnisse mit den Planungen im Projektkonzept
- Feststellung der Zielerreichung oder zumindest des Projektendes
- Information der Projektöffentlichkeit über den Projektabschluss und evtl. auch die Ergebnisse
- Entlastung der Projektleitung und der Projektressourcen (im Einzelfall ist auch einmal ein Dank angebracht!)
- Freigabe und Rückführung von Projektmaterial (Sitzungsräume, PC's, Telefone, Fahrzeuge, Zugangsberechtigungen, etc.)
- Rückgabe von entliehenen Dokumenten
- Vernichtung von vertraulichem Material, falls vertraglich vereinbart
- Sammlung und Archivierung der Projektdokumente
- Sicherung der Projektergebnisse auf Dauer
- Sicherstellung der Akzeptanz der Projektergebnisse bei allen Projektbeteiligten
- Evaluierung der Qualität der Arbeit von externen Dienstleistern
- und „last but not least":
- Identifizierung von „Learnings" aus dem Projekt

Häufig ist zum Projektende das Zeitbudget schon aufgebraucht. Die „Abnahme" des Projektes durch den Auftraggeber wird da sehnlichst erwartet, damit die Struktur demobilisiert werden und sich jeder wieder anderen Aufgaben widmen kann. Dabei gibt es oftmals gerade in dieser Phase meistens interessante Möglichkeiten, die Nachhaltigkeit des Projekterfolges zu verbessern und einen Beitrag für die Zukunftssicherung zu leisten.

Es lohnt sich hier manchmal, auch einen unbudgetierten oder unbezahlten Manntag zu investieren. Insbesondere das Thema „Kundenakzeptanz" verdient hier intensive Aufmerksamkeit. Es kostet nichts, hier unabhängig von der bereits erfolgten Projektabnahme noch einmal nachzuhaken und sicherzustellen, dass in der Kundensicht wirklich keine Schwachstellen mehr vorhanden sind.

Professionell geführte Beratungshäuser führen grundsätzlich am Projektende ein Debriefing durch. Dies ist eine strukturierte Aussprache zwischen Projektleitungspersonal und Projektmitarbeitern, manchmal unter Einbeziehung des Auftraggebers. Man kann sich natürlich fragen, was diese Übung, jetzt, wo die Sache sozusagen „gelaufen" ist, noch bringen soll. *Debriefing*

Die Erfahrung zeigt, dass Debriefings durchaus ihre Daseinsberechtigung haben. Nicht nur werden Learnings aus der Projektarbeit offenbar und die Teamatmosphäre bereinigt. Das Wissen, dass ein Debriefing am Ende des Projektes jedem Gelegenheit geben wird, seine Anliegen und Belastungen in einer angemessenen und relativ stressfreien Gesprächsatmosphäre zur Sprache zu bringen, hilft dem Team schon während des Projektes, sachlicher und professioneller miteinander umzugehen.

Für alle Projekte, bei denen Nachhaltigkeit zu den Projektzielen gehört, ist es notwendig, das Projektergebnis noch für einen Zeitraum nach dem Projektende zu begleiten und zu verfolgen, um am Ende eine Aussage darüber treffen zu können, inwieweit Nachhaltigkeit als Projektziel wirklich erreicht wurde. *Nachhaltigkeit überprüfen*

Als Sonderfall soll noch auf eine ebenfalls häufig vorkommende Projektsituation eingegangen werden, bei der eine projektmäßige Organisation mit dem Abschluss des Projektes in eine Linienorganisation überführt werden soll. Hier muss eine saubere Stabübergabe von Projektpersonal zu Stammpersonal erfolgen. Ein nachlässiger Projektabschluss könnte unter diesen Randbedingungen weit reichende Folgen haben. *Überführung in den Normalbetrieb*

Daher muss zum Zeitpunkt der Auflösung der Projektorganisation sichergestellt sein, dass die Linienorganisation steht und das Projekt-Know-how vollständig übergeben wurde.

Eine ausreichend lange Übergangsphase muss eingeplant, und der durch die zeitliche Überlappung der Phasen entstehende Mehraufwand muss budgetiert werden.

In Bezug auf die Projektorganisation spricht man dann häufig von einem so genannten „Phase-out". *„Phase-out" oder „Cut-over"*

Auch bei einem Phasing-out gibt es natürlich den genauen Zeitpunkt des endgültigen Übergangs der Verantwortung von einer Organisation auf die andere. Man spricht hier vom sogenannten „Cut-over".

3 Querschnittsprozesse

3.1 Projektcontrolling und -abrechnung

Spätestens nachdem das Projektkonzept freigegeben wurde und der so genannte „Team-Rollout" erfolgt ist, sollte ein funktionierendes Projektcontrolling aufgesetzt sein. Dieser Prozess läuft dann mindestens bis zum Projektabschluss, in der Praxis geht er sogar meist noch darüber hinaus.

Ordnung von Anfang an

Das Projektcontrolling kann sehr professionell oder auch einfach sein, je nach Eigenart des Projektes. Die Schwerpunktsetzung ist dabei individuell verschieden. Bei einigen Vorhaben wird die Einhaltung des Zeitplanes im Vordergrund stehen, bei anderen geht es in erster Linie um das Controlling der Kosten. Für beide Zwecke gibt es zahlreiche leistungsfähige Softwareprodukte, die sich flexibel einsetzen lassen.

Beispielsweise ist es mit Microsoft Project ohne weiteres möglich, nahezu jedes Projekt im Hinblick auf Kosten und Termine zu controllen, ohne dass Sonderfunktionen programmiert werden müssten.

Es besteht die Notwendigkeit, die Prozesse des Projektcontrolling eng mit denen der Projektabrechnung zu verknüpfen, will man doch Duplizierungen von Dateneingaben und Datenbeständen vermeiden. Dies ist auch eine der Herausforderungen bei der Gestaltung der Controlling-Systemlandschaft.

Verknüpfung von Projektcontrolling und Projektabrechnung

Wenden wir uns jedoch zunächst der Aufbauorganisation des Projektcontrolling zu. In einem kleinen Projekt wird es meist die Aufgabe des Projektleiters sein, gleichzeitig mit den Projektleitungsaufgaben auch ein Projektcontrolling durchzuführen. Dies ist akzeptabel, solange der Schwerpunkt des Controlling auf der Terminverfolgung liegt und die Projektabrechnung weitgehend separat gehandhabt wird.

Aufbauorganisation

Sobald die Controllingaufgabe jedoch etwas komplexer wird, beispielsweise dadurch, dass ein umfängliches Kostencontrolling hinzukommt und die Projektabrechnung integriert ist, dann ist es sehr ratsam, die Projektcontrollingaufgabe organisatorisch streng von der Projektleitung zu trennen. Der Hauptgrund für diese Empfehlung ist der Umstand, dass sich der Projektleiter auf die inhaltliche Projektsteuerung und die Mobilisierung der Ressourcen zu konzentrieren hat. Diese Funktion lässt sich nur schwer mit der des Projektcontrollers vereinbaren.

Trennung von Projektleitung und Controlling

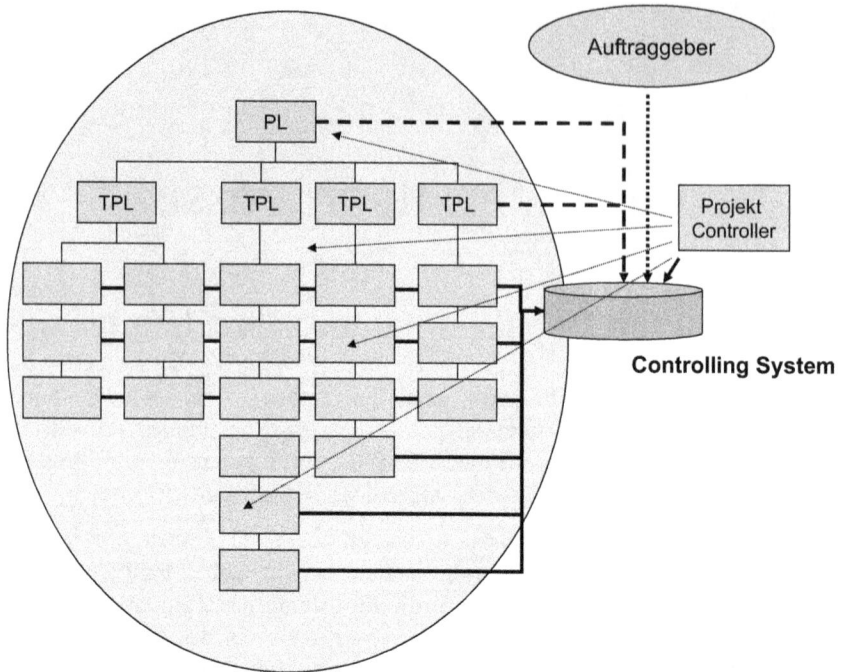

Abb. 20: Projektcontrolling – Aufbauorganisation

Es entstehen somit zwei Berichtswege:

- Inhaltlich ist der Projektleiter, bzw. Projektvorgesetzte der alleinige Ansprechpartner
- In Bezug auf Kosten, Arbeitszeit, Spesenabrechnung, etc. erfolgt die Kommunikation mit dem Projektcontroller

Folgende Aufbauorganisation sollte zum Tragen kommen:

Die definierten Berichtsinhalte werden innerhalb der festgelegten Berichtsintervalle an den Projektcontroller gegeben. Dies kann auf direktem Wege erfolgen oder aber über den jeweiligen Projektvorgesetzten / Teilprojektleiter. Der Projektcontroller überwacht den Datenfluss, konsolidiert und verdichtet die Informationen und informiert dann wiederum das Projektteam. Auch diese Information kann direkt oder kaskadierend über die Führungslinie erfolgen.

Selbststeuerung durch Transparenz

Allein durch diesen kombinierten Prozess des Berichtens und Informierens wird eine gewisse Selbststeuerung innerhalb des Projekts erreicht. Jeder Mitarbeiter weiß, wo das Projekt steht und ob ggf. eine schwierige Situation im Entstehen begriffen ist.

Managementinformation

Darüber hinaus dient das Projektcontrolling natürlich auch und in erster Linie der Managementinformation. Der Projektleiter wird entscheiden, ob es ihm genügt, im gleichen Rhythmus wie das Projektteam informiert zu werden, oder ob er die Zahlen vorab haben und diese dann, verbunden mit einer Kommentierung vielleicht persönlich kommunizieren möchte. In größeren Abständen ist dies auf jeden Fall empfehlenswert. Solche Anlässe bieten Gelegenheit zu Dank und Lob, bzw. auch zu kritischen Anmerkungen dem Team gegenüber.

In jedem Fall bildet der Projektleiter natürlich immer eine Art Eskalationsinstanz für den Controller für die Fälle, in denen die Berichtsinformationen trotz aller Bemühungen nicht herbeigeschafft werden können. **Eskalationsinstanz**

Unabhängig davon, in welcher Form die Controllinginformationen zurückgespiegelt werden, in jedem Fall ist es sinnvoll, für Sammlung und Aufbereitung ein angepasstes IT-Tool zu verwenden. **IT-Einsatz**

Dies hat mehrere Gründe:

- der Projektplan und das Projektbudget können hinterlegt werden,
- das Erfassungsformular und alle Rückläufe können gespeichert werden,
- die Datenverdichtung kann automatisiert werden,
- die Erstellung anschaulicher Berichte und Diagramme wird vereinfacht,
- es wird automatisch eine Berichtshistorie generiert.

Wenn, wie dies üblich ist, innerhalb des Projektes auf einem Netzwerk gearbeitet wird, so besteht immer die Möglichkeit, einigen Usern Leserechte auf dieser Datei einzuräumen, sodass diese sich **jederzeit** über den Stand des Projektes informieren können. Dies wird fast immer der Projektleiter und vielleicht die Teilprojektleiterebene sein. **Kontinuierliches Monitoring**

Immer häufiger wird die Auftraggeberseite ebenfalls in diese Online-Informationsmöglichkeit eingebunden. Natürlich hängt dies davon ab, welche Vertragsform gewählt wurde. Solange eine Abrechnung nach Aufwand vereinbart wurde, ist ein Online-Zugriff auf die Projektcontrollingdatei ohne weiteres denkbar und bildet eine sinnvolle vertrauensbildende Maßnahme. **Arbeit mit offenen Büchern**

Warum es sinnvoll ist, das Projektcontrolling eng mit der Projektabrechnung zu verknüpfen, wird in der folgenden Abbildung Nr. 21 deutlich.

Im allgemeinen ist es die erste Aufgabe des Projektcontrolling den Projektfortschritt zu erfassen und mit dem hinterlegten Terminplan zu vergleichen. Dieses Termincontrolling dient in erster Linie dazu, ungeplante Projektverzögerung möglichst zu vermeiden oder zumindest frühzeitig sichtbar zu machen. **Termincontrolling**

Je nach Vertragsform ist das Erreichen bestimmter Fertigstellungsgrade oder Meilensteine auch relevant für die Rechnungsstellung.

Die andere Facette des Projektcontrolling ist das Nachhalten der aufgelaufenen Kosten, wobei diese sich wiederum aus Personalkosten und Sachkosten zusammensetzen. **Kostencontrolling**

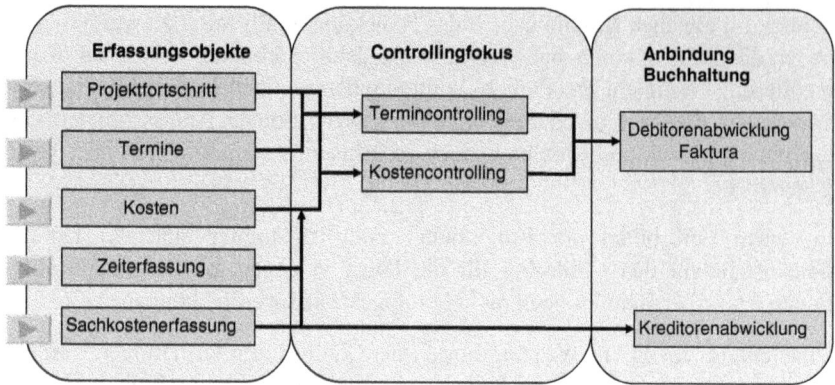

Abb. 21: Verknüpfung zwischen Projektcontrolling und Projektabrechnung

Personalaufwand

Die Grundlage für die Berechnung der Personalkosten ist die Projektzeiterfassung. Die Projektzeit wird gemäß dem anwendbaren Kostensatz und ggf. unter Anwendung von Zuschlagssätzen multipliziert und der Ressourcenaufwand errechnet.

Sachkostenerfassung

Immer dann, wenn ein Dienstleister in die Projektabwicklung mit eingebunden ist, wird die korrekte Erfassung und Weiterverrechnung der Sachkosten, insbesondere Reise- und Unterbringungskosten, zu einem kritischen Faktor. Der Grund hierfür ist der Umstand, dass die Mitarbeiter des Projektdienstleisters ihre persönlichen Kosten ja gegenüber dem eigenen Arbeitgeber im Wege des Spesenersatzes abrechnen, gleichzeitig aber die Kostenabrechnung zwischen Auftraggeber und Auftragnehmer erfolgen muss. Auf diese besondere Verkomplizierung wird später noch eingegangen.

Schnittstelle zwischen Controlling und Abrechnung

An zwei Stellen gibt es nun eine natürliche Schnittstelle zwischen dem Controllingprozess und der eigentlichen Abrechnung:

Erste Schnittstelle: Fortschritts- und Kosteninformationen werden in kondensierter Form an die Debitorenbuchhaltung weiter geleitet und dort für die Erstellung der Ausgangsrechnung verarbeitet.

Zweite Schnittstelle: Auf der Kreditorenseite wird es einen Abgleich zwischen den Eingangsrechnungen für Sachkosten wie z. B. Hotels, Flüge, Mietwagen, aber auch Reisekostenabrechnungen von Mitarbeitern auf der jeweiligen Projektkostenstelle und der Kreditorenbuchhaltung auf der anderen Seite geben müssen.

Firmen, die als Berater, Engineeringbüros oder Anlagenbauer im Unterauftrag für andere Firmen arbeiten und Projektauslagen effektiv abrechnen, haben also (mindestens) ein Problem gemeinsam:

Duplizierung von Reisekosten- und Projektkostenabrechnung

Reisekosten und persönliche Auslagen werden im ersten Schritt vom Mitarbeiter an den Arbeitgeber abgerechnet und im zweiten Schritt – zusammen mit weiteren Positionen – von dem Arbeitgeber an den Auftraggeber.

Auch wenn die Abrechnungsbeträge der Einzelposition im Einzelfall abweichen können (z. B. rechnet der Mitarbeiter € 0,50 pro PKW-Kilometer ab, die Firma rechnet dann jedoch € 0,70 ab), so ist doch der Abrechnungsgegenstand der gleiche. Der gleiche Beleg wird für beide Abrechnungen benötigt, die Eingabe von Kosten und Daten erfolgt doppelt – wenn sich keine intelligente Lösung dieses Problems findet.

Erschwerend kommt hinzu, dass die Abrechnung zwischen Firma und Auftraggeber meist zu ganz bestimmten Terminen erfolgen muss, während die persönliche Reisekostenabrechnung oftmals zu einem späteren Zeitpunkt, auch per Post, in der Buchhaltung eingehen kann.

Starres Terminraster in der Projektabrechnung

Ein Vorschlag zur Lösung dieses universellen Problems ist in der nachfolgenden Abbildung Nr. 22 dargestellt:

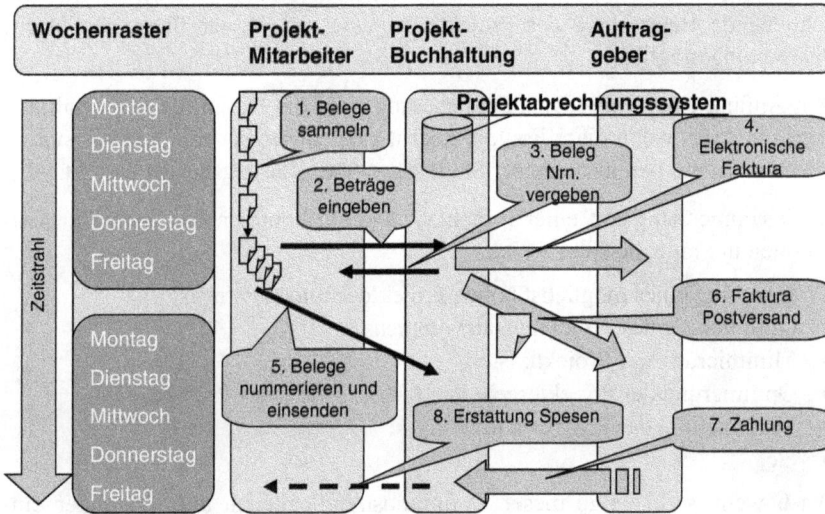

Abb. 22: Simultane Reisekosten- und Projektabrechnung

Dieses Abrechnungssystem kommt aus einer Branche, in der eine wöchentliche Projektabrechnung mit Einzelausweis der Sachkosten üblich ist.

Bedingt dadurch müssen alle Mitarbeiter ihre Kosten bis Freitag 15^{00} h einer jeden Arbeitswoche geltend machen. Die Eingabe erfolgt webbasiert in ein Abrechnungssystem, welches im gleichen Zuge Belegnummern vergibt.

Webbasierte Lösung

Diese Belegnummern werden von den Projektmitarbeitern in die Originalbelege eingetragen und diese dann per Post an die Buchhaltung versandt. Nach Eingang werden siee den bereits bestehenden Abrechnungen zugeordnet.

Belegnachsendung per Post

Aufgrund der webbasierten Sachkostenmeldung ist es möglich, die Projektabrechnung noch am gleichen Tag, wiederum elektronisch, an den Auftraggeber abzusetzen. Die Faktura als Hardcopy folgt ebenfalls auf dem Postweg nach.

Projektabrechnung am gleichen Tag

Die Begleichung der Projektabrechnung ist bereits für den auf die Abrechnung folgenden Freitag geplant. Im gleichen Rhythmus können auch die Reisekosten erstattet werden.

„Vouchering" als Lösung des Reisekostenproblems

Dieses, meist „Vouchering"-System genannte Verfahren ermöglicht kurze Abrechnungsintervalle, eine Minimierung des Working Capital und insbesondere einen minimalen Verwaltungsaufwand.

3.2   Qualitätssicherung

Der Prozess der Qualitätssicherung ist Projekt begleitend, er sollte bereits in der Phase der Projektkonzeptionierung beginnen und mindestens bis zum Projektende gehen. In der Praxis reicht er oft noch darüber hinaus, da eine abschließende Beurteilung der Projektergebnisse erst in der Phase der Nachbearbeitung möglich ist.

Qualitätsbegriff klären

Am Anfang einer jeden Qualitätssicherung steht die Definition des Qualitätsbegriffs. Auch wenn diese Frage zunächst akademisch scheint, zeigt es sich in der Praxis, dass bereits an dieser Stelle ein großer Klärungsbedarf besteht.

In Zusammenhang mit einer Projektabwicklung kommen hier mehrere Definitionen in Frage, beispielsweise:

- Erzielung eines möglichst hohen Projektdeckungsbeitrages
- Optimierung des Projektumsatzvolumens
- Minimierung der Projektkosten
- Optimierung der Projektergebnisse (aus der Sicht des Projektteams)
- Minimierung der Projektdauer
- etc.

Auch wenn sich einige dieser Definitionsmöglichkeiten aufgrund ihrer eindimensionalen Struktur recht gut messen lassen – dies ist zweifellos ein Vorteil – so hat sich doch herausgestellt, dass es am sinnvollsten ist, Projektqualität zunächst einmal im Sinne von

- **subjektivem Grad der Zufriedenheit auf Auftraggeberseite**

zu definieren. Auch wenn dieser Begriff etwas schwammig ist, so ist es doch zielführend, diesem Ideal nachzufolgen. Daraus ergibt sich dann bereits, dass alle messbaren Größen, die vielleicht noch nachfolgend als Qualitätsparameter definiert werden, in Abstimmung mit dem Kunden / Auftraggeber festgelegt werden müssen.

Qualität schon in der Konzeptionierung

Welche Qualitätssicherungsstrategien auch vorgesehen sein mögen, es ist wichtig zu berücksichtigen, dass die Qualität eines Projektes ganz erheblich durch dessen Konzeptionierung und Initiierung bestimmt wird. So lässt sich sagen, dass Qualitätssicherungsmaßnahmen eine umso größere Wirkung zeigen, je früher im Projektverlauf sie einsetzen. Während ein Qualitätsmanagement bei der Formulierung der Projektstruktur noch von entscheidender Bedeutung sein kann, so ist es in der Phase des Projektabschlusses meist weniger relevant.

Nachfolgend sind einige Beispiele für Projekte, bei denen von Anfang an „der Wurm drin war" aufgeführt:

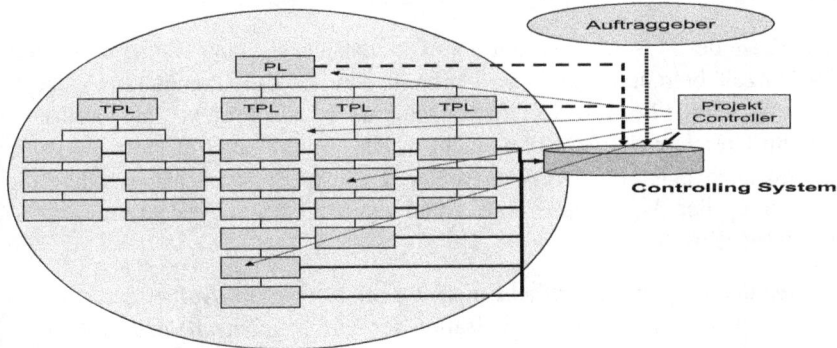

Abb. 23: Projektmanagement-Fehlleistungen

Eine Qualitätsstrategie sollte zwar durchaus projektindividuell festgelegt werden. Einige nahezu allgemeingültige Gesichtspunkte sind nachfolgend aufgeführt:

Qualitätsstrategie

Qualität soll erreicht werden durch:

➢ Professionelles Recruiting und Staffing
➢ Geeignete Motivationsinstrumente
➢ Ein zielführendes Trainingskonzept und einen leistungsfähigen Support
➢ Eine qualitätsfördernde Projektorganisation
➢ Ein qualitätsförderndes Vergütungssystem

Qualität soll nicht erreicht werden durch:

➢ Ein überladenes Berichtswesen
➢ Eng gefaßte Ablaufpläne und Handlungsanweisungen
➢ Eine überorganisierte Dokumentenverwaltung
➢ Ein System von Zertifikaten und Zulassungen
➢ Reglementierungen und Sanktionen

Abbildung 24: Beispielhafte Qualitätsstrategie

Qualitätsfördernde
Projektorganisation

Bereits bei der Festlegung der Projektorganisation muss den Anforderungen des Qualitätsmanagements Rechnung getragen werden. Es wird dabei der Grundsatz verfolgt, dass die Arbeit des Projektteams fortlaufend oder intermittierend von außen stehenden Organen / Personen begutachtet und gewürdigt wird. Diese Organe / Personen sollten eine gewisse Distanz zu der Projektarbeit wahren können, das heißt, es würde nicht sehr viel Sinn ergeben, die Arbeit eines Teilprojektteams von einem anderen überwachen zu lassen, oder etwa der Projektleitung die Qualitätssicherung zu übertragen.

Der Kreis der Personen, die mit dem Qualitätsmanagement während der Projektlaufzeit betraut werden, wird oft mit dem Begriff „Lenkungsausschuss, Steering Committee", o. ä. belegt. Mitunter ist die Projektleitung selbst in diesem Gremium vertreten, was nicht weiter tragisch ist. Auf jeden Fall aber sollten auch externe Interessenvertreter, Fachexperten und insbesondere die Vertretung der Auftraggeberseite – und zwar mit überragendem Gewicht – vertreten sein.

Immer dann, wenn ein Projekt nicht losgelöst von der Auftraggeberorganisation abläuft, sondern die Organisation der Auftraggeberseite das Umfeld der Projektimplementierung darstellt – wie dies meistens bei Unternehmensberatungsprojekten der Fall ist – ist es noch wichtiger, die Auftraggeberseite in die Projektbegleitung auf allen Ebenen einzubinden. Dies geschieht in Verwirklichung des Grundsatzes, dass die subjektiv gefühlte Zufriedenheit auf der Auftraggeberseite das Hauptqualitätskriterium darstellt.

Eine Projektbegleitung nach folgendem Muster bietet sich an:

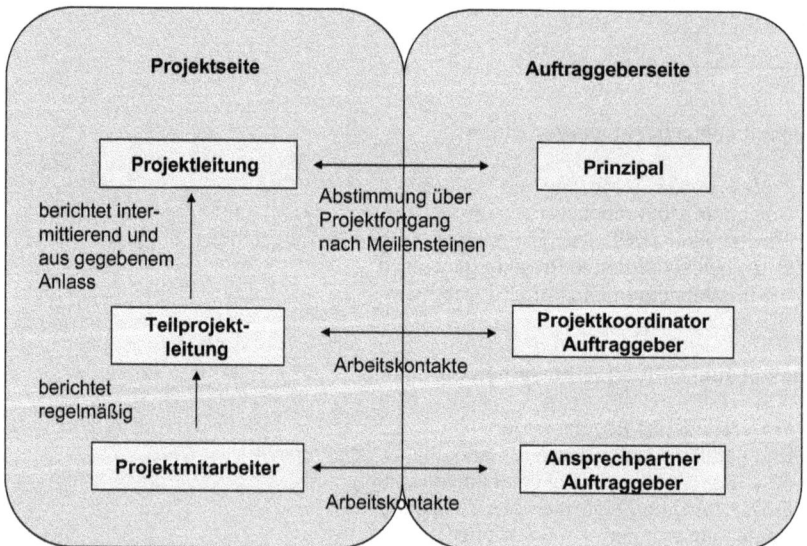

Abb. 25: Qualitätsfördernde Projektorganisation

Definition der Rolle des „Prinzipalen" auf der Auftraggeberseite	Unternehmerisch für die Beauftragung verantwortliche Person oder Personenkreis, d.h. im Mittelstand, z. B. Mitglied der GL, in Konzernstrukturen Bereichs-, Betriebs- oder Spartenleitung.
Definition der Rolle des „Projektkoordinators" auf der Auftraggeberseite	Für die Koordination der Kontakte zwischen Consulting / Projektteam und Auftraggeberseite zuständiger Funktionsträger. Dieser muss nicht zwingend disziplinarischer Vorgesetzter der von dem Projekt tangierten Mitarbeiter des Klientenunternehmens sein.

Abb. 26: Rollendefinitionen

Auf diese Weise wird ebenengleich ein permanenter Kontakt zwischen Auftraggeberorganisation und Projektabwicklungsteam, bzw. Projektdienstleister aufrechterhalten.

Ziel ist es dabei, den Grad der Auftraggeberzufriedenheit fortlaufend zu überwachen und – last but not least – durch den persönlichen Kontakt auch positiv zu beeinflussen.

Selbstverständlich müssen der Auftrag und die Befugnisse des Projektkoordinators im Klientenunternehmen kommuniziert werden. Der Projektkoordinator hat jederzeitigen Zugang sowohl zum Projektleiter, wie auch zum Prinzipalen.

Direkte Kontakte zwischen Projektmitarbeitern und Mitarbeitern der Klientenorganisation werden vom Projektkoordinator hergestellt oder freigegeben.

Der Vollständigkeit halber soll noch Bezug auf die einschlägigen ISO-Normen für Qualitätssicherung genommen werden. Diese haben selbstverständlich auch für Dienstleistungen Gültigkeit, und können von daher prinzipiell auch als Richtschnur für die Qualitätsstrategie von Projekten dienen.

ISO 9000:2000

Qualitätsmanagementsysteme – Grundlagen und Begriffe

ISO 9001:2000

Qualitätssicherungssysteme – Forderungen

ISO 9004:2000

Qualitätsmanagementsysteme – Leitfaden zur Leistungsverbesserung

Ein Studium dieser Grundlagen lohnt sich. Man wird jedoch feststellen, dass sich die Qualität von Dienstleistungen, die keinen Produktbezug haben, wie zum Beispiel die Durchführung von unternehmensinternen Projekten, nur schwer mit Hilfe dieser Regelungen allein verbessern lässt.

Die Norm befasst sich mit den vier Hauptbereichen:

- Verantwortung der Leitung
- Management von Ressourcen
- Produktrealisierung und Messung
- Analyse und Verbesserung

Diese Grobgliederung kann sehr wohl als Grundlage für die Planung eines individuellen Projekt-Qualitätssicherungssystems genutzt werden.

Auch auf der inhaltlichen Ebene lassen sich einige Elemente sicherlich sinnvoll einbringen, jedoch erfordert es einen gewissen Aufwand, die allgemein gehaltenen Vorschriften der Norm in praktisch umsetzbare Konzepte umzumünzen.

3.3   Projektdokumentation

3.3.1   Allgemeines

Der Prozess der Projektdokumentation und des Dokumentenmanagements muss, wie in Abb. 12 gezeigt, noch vor den übrigen Querschnittsprozessen einsetzen. Er begleitet auch die Phase der Projektkonzeptionierung und Planung. Gerade in dieser Phase werden für die weitere Projektentwicklung wichtige Dokumente erstellt.

Ebenso hört die Dokumentationsaufgabe mit dem formalen Projektabschluss nicht auf. Gerade in der Phase der Projektnachbearbeitung ist die Aufrechterhaltung der Projektdokumentation eine wichtige Funktion.

Dokumentation: Notwendiges Übel oder elementarer Projektbestandteil?

An dieser Frage scheiden sich immer wieder die Geister: Wie viel Dokumentationsaufwand muss sein? Das Argument der Dokumentations-Gegner ist: Niemand wird eine 500 seitige Schwarte lesen, sie wird abgelegt und nach maximal einem Jahr weiß keiner mehr, wo sie überhaupt zu finden ist.

Projektbericht ja oder nein?

Natürlich ist Dokumentationsarbeit für den Berater / Projektleiter nicht gerade eine prickelnde Aufgabe. Insbesondere bei relativ kleinen Projekten ergibt sich die Frage, ob es überhaupt sinnvoll ist, zum Abschluss oder an bestimmten vorher im Projektplan festgelegten Meilensteinen innerhalb des Projektablaufes schriftliche Berichte vorzulegen.

Dabei sind zwei Berichtsebenen deutlich zu unterscheiden:

a) dem Bericht, den der Berater ohnehin anfertigen muss um den Projektverlauf und seinen eigenen Aufwand zu dokumentieren (administrative Berichterstattung), und

b) Dokumente, die Analyseergebnisse/ Empfehlungen oder andere inhaltliche Elemente enthalten.

3.3.2 Administrative Projektberichterstattung

Was die Berichterstattung über den geleisteten Aufwand und den Projektverlauf anbelangt, so gibt es wenige Beratungskunden, die hierauf gerne verzichten würden. In die Anlage zur Honorarabrechnung gehört daher ohnehin ein sauber aufgebautes Timesheet, aus dem genaue Details im Hinblick auf geleistete Arbeit, Ansprechpartner, Arbeitsergebnisse, etc. ersichtlich sind. Dieses kann dann auch gleichzeitig als Grundlage für die Reisespesenabrechnung dienen.

Aufwand und Projektverlauf

Es ist zu empfehlen, dass auch rein intern organisierte Projekte eine vollständige administrative Berichterstattung einführen sollten.

Es bleibt aber die Frage zu klären, in welchen zeitlichen Abständen diese Berichterstattung erfolgen soll. Die Honorarabrechnung wird wöchentlich, monatlich, oder am Ende der Arbeit erstellt, je nach dem, wie dies vertraglich vereinbart ist. In den Fällen, in denen die Abrechnung monatlich, oder in noch größeren Abständen erstellt wird, sollte mit dem Kunden darüber gesprochen werden, ob das Timesheet oder die Timesheets nicht evtl. in kürzeren Abständen vorzulegen sind. So bekommt der Auftraggeber jederzeit einen Überblick über den bisher entstandenen Aufwand in Relation zum Projektfortschritt. Auf diese Weise erhält er die Möglichkeit, jederzeit steuernd in den Projektverlauf eingreifen zu können. Dieser Umstand kann dem Kunden zumindest emotional den Umgang mit einem laufenden Beratungsprojekt erleichtern. Daher sollte auf diesen Komfortfaktor nicht verzichtet werden.

Abrechnungstransparenz ist gelebte Kundenfreundlichkeit

Es ist auch zu bedenken, dass insbesondere dann, wenn zwischen Projektleiter / Berater und Auftraggeber eine atmosphärisch gute Beziehung besteht, es oftmals für den Klienten nicht leicht ist, das Thema Abrechnung, Abrechnungsmodalitäten und Berichtsgenauigkeit anzusprechen. Dies bedeutet jedoch nicht, dass in diesem Themenkreis nicht trotzdem Fragen, Zweifel und Ängste verankert liegen. Aus diesem Grund ist es sinnvoll, wenn der Auftragnehmer hier von sich aus initiativ wird und ein Prozedere vorschlägt oder herbeiführt, welches dem Klienten jederzeit eine optimale Transparenz über das Projektgeschehen ermöglicht.

3.3.3 Inhaltliche Projektberichterstattung

Häufig werden Projekte aufgesetzt, die darauf abzielen, in der Projektumgebung, also in den beratenen Unternehmen selbst, Veränderung herbeizuführen. Es ist richtig zu argumentieren, dass diese Veränderung nicht in erster Linie durch die Erstellung und Abgabe eines Berichtes erzielt werden.

Trotzdem ist die Erstellung einer umfassenden Dokumentation auch in diesen Fällen sinnvoll. Dies soll hier weiter ausgeführt werden:

Lernprozess wird durch Dokumentation unter-stützt

Jedes Projekt beginnt für alle Projektbeteiligten mit einem intensiven Lernprozess.

Im Verlauf dieses Prozesses erlangt das Projektpersonal nicht nur (im Idealfall) einen mit den Ansprechpartnern aus dem Unternehmen vergleichbaren Kenntnisstand inbezug auf projektrelevante Fakten, sondern es ist auch ein Prozess der Analyse und Meinungsbildung, an dessen Ende eine Sicht der Dinge steht, die im Gegensatz zu den internen Betrachtungsweisen auch eine sehr starke externe und damit distanzierte beziehungsweise neutrale Komponente enthält.

Dieser Prozess verläuft zweifellos viel reibungsloser und effizienter, wenn schon projektintern eine Dokumentation als Ausfluss aus dem Lernprozess erstellt wird.

Im nachfolgenden Analyseteil wird der Dokumentationsprozess dann unterbrechungslos fortgeführt, schon im Sinne der Sicherung von beweisbaren „Hard-Facts".

Nicht mit Visualisierung verwechseln

An einer Stelle im Projektverlauf müssen dann Arbeitsergebnisse, Interpretationen und Empfehlungen der Auftraggeberseite gegenüber vertreten, beziehungsweise in die Geschäftsleitungsebene des beratenen Unternehmens hineingetragen werden. Idealerweise geschieht dies durch eine sauber vorbereitete Präsentation. Näheres hierzu ist in dem Kapitel 4.3 „Präsentationstechnik und Visualisierung" nachzulesen.

Hier ist weniger der Faktenvortrag als vielmehr engagierte Überzeugungsarbeit gefragt. Eine ansprechende Visualisierung wird von vielen als der Schlüssel zur Begeisterung der Zuhörerschaft angesehen. Zu den Regeln der Visualisierung gehört es nun, nicht alles, was zu dem jeweiligen Bild zu sagen ist, auch auf die Folie zu schreiben. Sonst würde der Vortrag selbst flach und uninteressant. Daraus ergibt sich schon, dass Unterlagen, die zur visuellen Untermauerung eines persönlichen Vortrags dienen, nicht selbsterklärend sein können und dürfen.

Trotzdem ist die Gepflogenheit zu beobachten, die für die Präsentation benutzen Unterlagen in ausgedruckter Form als Projektabschlussbericht abzugeben.

Die PowerPoint - „Dokumentation"

Da es sich hierbei in der Regel um Präsentationsfolien mit starker visueller Komponente handelt, kann dieses Dokument nicht als Projektbericht angesehen werden. Im folgenden soll noch einmal im Einzelnen erläutert werden, warum dies so ist:

- Gute Präsentationsunterlagen enthalten keine abgeschlossenen Sätze (höchstens in Ausnahmefällen), sondern überwiegend so genannte „Bullet Points", also stichwortartige Aufzählungen. Während des Vortrags ist meist allen klar, was damit genau gemeint ist. Nimmt man das Dokument jedoch für sich, so wird man meist feststellen, dass die dort enthaltenen Satzfetzen unterschiedlich interpretiert werden können.

- Manche Präsentatoren verzichten sogar darauf, die Kernaussage auf die Folie zu schreiben, sondern behalten sich diese für den mündlichen Vortrag vor, um so die Spannung zu steigern.
- Eine andere Präsentationstechnik besteht wiederum darin, eine – vielleicht unhaltbare – Aussage provokativ auf eine Folie zu schreiben, um damit im Publikum eine lebhafte Diskussion zu entfachen. Diese Aussage könnte in einem Projektbericht sicher fehlinterpretiert werden.
- Schließlich kommt noch hinzu, dass die meisten Tools, mit denen Präsentationen erstellt werden, also zum Beispiel Microsoft PowerPoint, jede Möglichkeiten bieten, die Präsentation zu animieren, also zum Beispiel einen sukzessiven Aufbau des Einzelbildes zu gestalten. Wird eine solche Präsentation nun ausgedruckt, so ist in dem Ausdruck nur eine Instanz dieses vielschichtigen Bildes enthalten. Es kann nie Sicherheit darüber bestehen, dass die Aussage tatsächlich originalgetreu wiedergegeben ist.

Es sollte deshalb streng zwischen Visualisierungstechniken (siehe Kapitel 4.3.2) und Dokumentationstechniken (siehe Kapitel 3.3.4) unterschieden werden. Ein separates Dokument in einem Textformat zu erstellen, welches dem Leser die Möglichkeit eröffnet, sich die Projektergebnisse auch nach längerer Zeit noch einmal anzusehen und nachzuvollziehen, erfordert natürlich einen gewissen Aufwand. Dieser ist jedoch gerechtfertigt, wenn man berücksichtigt, dass nur durch diese Maßnahme, die Projektergebnisse lückenlos dokumentiert werden, und zwar sowohl den Projektteilnehmern, wie auch Dritten gegenüber.

Visualisierung und Dokumentation unterscheiden

Häufig wird man feststellen, dass der Prozess der Berichterstellung selbst auch zur Analyseklarheit und zum Erkenntnisgewinn bei dem Projektteam beiträgt. Die Situation, dass ein Berater nach mehreren Monaten oder Jahren wieder in das gleiche Unternehmen zurückkommt, um dort einen Folgeauftrag auszuführen, ist nicht selten. Auch für diesen Fall ist es wichtig, auf eine lückenlose Dokumentation zurückgreifen zu können, die dann als Ausgangspunkt und Basis für das neu aufzusetzende Projekt dienen kann.

3.3.4 Technik der Berichterstellung

Jeder Berater / Projektmitarbeiter hat seinen eigenen Erfahrungshintergrund in Bezug auf die Erstellung von Berichten. Es ist auch durchaus zulässig, dass verschiedene Wege beschritten werden, um zum Ziel zu gelangen. Da der Fall jedoch nicht so selten ist, dass Projektmitarbeiter an Berichten arbeiten, die ansonsten keine oder wenig Erfahrung mit der Berichterstellung haben, soll an dieser Stelle ein kurzer Leitfaden zur Ausarbeitung eines Projektberichtes angeboten werden.

Viele Wege führen nach Rom

Grundsätzlich kann man den Prozess der Berichtserstellung von zwei unterschiedlichen Ausgangspunkten aus aufsetzen:

- Die Frage, was will der Leser des Berichtes aus dem Dokument entnehmen?

oder

- Die Frage, welche Fakten und Information sind vorhanden, über die berichtet werden soll?

Die schwierigere Ausgangssituation ist dabei die, dass reichhaltiges Material verfügbar ist, welches auch möglichst vollständig verwertet werden soll, jedoch noch keine Struktur für den Bericht vorliegt.

Für dieses Szenario wird im Folgenden ein rudimentärer Leitfaden für die Erstellung von Projektberichten dargestellt:

Die Arbeit soll in der folgenden Sequenz ausgeführt werden.

Arbeitsschritte:

1. Quellen identifizieren
2. Material sammeln
3. Material oberflächlich sichten und gruppieren (Erste Sichtung)
4. Jedes der Cluster vorläufig benennen
5. Die Clusternamen in eine sinnvolle Reihenfolge bringen
6. Vorläufige Struktur (einschließlich Nummerierung) einrichten
7. Material gründlich sichten und nach dieser Struktur innerhalb des Clusters sortieren (Zweite Sichtung)
8. Stichwortartiges Inhaltskonzept erstellen
9. Vollständigkeitskontrolle: Sind alle Themen abgedeckt?
10. Abbildungen unter Nutzung des sortierten Materials gestalten (Auswertung)
11. Text unter Nutzung des sortierten Materials ausarbeiten (Auswertung)
12. Abbildungen in den Text einfügen und nummerieren
13. Gegebenenfalls Inhaltsverzeichnis aktualisieren
14. Vorwort, Einführung und Résümé gestalten
15. Anhang, Abbildungsverzeichnis, Stichwortverzeichnis, Quellenverzeichnis etc. erstellen
16. Schlussredaktion

Ausgehend von dem Berichtsthema, bzw. dem Referenzrahmen und ggf. einer Abgrenzung und Begriffsdefinition wird in diesem Beispiel also der Fokus zunächst auf das relevante Informationsmaterial und die dazugehörigen Quellen gerichtet (Schritte 1 und 2).

Aufgrund dieses Materials wird schrittweise eine Sortierung, Sequenzierung und Strukturierung vorgenommen, die dann zu einer vorläufigen Berichtsgliederung führt. Dies ist notwendig, um mit der inhaltlichen Ausarbeitung überhaupt beginnen zu können. (Schritte 3 bis 6)

Nun kann das komplette bisher gesammelte Material den geplanten Kapiteln zugeordnet werden, auch im physischen Sinne. (Schritt 7) Für jedes Kapitel des Berichtes wird also eine kleine Materialsammlung angelegt. Häufig ist es jedoch so, dass ein einzelnes Quelldokument, also etwa ein Buch, Informationen enthält, welche in unterschiedlichen Kapiteln eine Rolle spielen.

Wie bewältigt man dieses Dilemma? Eine einfache und praktische Vorgehensweise ist die folgende:

Das entsprechende Dokument wird (zum Beispiel mit in die Seiten geklebten Post-its) markiert und die relevanten Berichtskapitel vermerkt.

Auf dieser Basis wird das Dokument unter dem in der Struktur ersten relevanten Kapitel abgelegt. Nach der Auswertung für das spezifische Kapitel wird das Quelldokument dann einfach in das nächste auf dem Dokument vermerkte Kapitel übertragen. Natürlich ist dabei Voraussetzung, dass die Berichterstellung auch in dieser Reihenfolge geschieht, also von vorne nach hinten.

Jetzt können die einzelnen Kapitel auch inhaltlich geplant werden, dass heißt, ein thematisches Konzept wird erstellt. (Schritt 8)

Ganz wichtig ist es nun, spätestens an dieser Stelle noch einmal inne zu halten und in Ruhe der Frage nachzugehen, ob auch wirklich alles in dem Konzept enthalten ist, was der Empfänger des Berichtes, bzw. der Leser, aus dem Bericht auch zu entnehmen hofft. Es ist durchaus möglich, dass da eben noch einige wichtige Fragen im Raum stehen, zu denen bislang noch kein Material gefunden wurde, bzw. auch keine Antworten parat sind. Trotzdem muss dann im Bericht wenigstens darauf eingegangen werden. Es ist hierzu notwendig, sich noch einmal intensiv in die Perspektive des Lesers zu denken. (Schritt 9)

Jetzt kann die eigentliche Ausarbeitung beginnen. Manche Berichtsschreiber beginnen mit der Ausarbeitung der bildlichen Darstellungen und fügen den Text in der Form einer Kommentierung der Abbildungen analog einem textlichen Vortrag nachträglich ein. Auch der umgekehrte Weg ist gangbar. Schließlich wird alles zusammengefügt und nummeriert, die Struktur ggf. noch einmal aktualisiert. (Schritte 10 bis 13)

Die Abschlussarbeiten umfassen neben der Editierung auch die Zusammenstellung des Anhangs, wo ein solcher gebraucht wird, die Ausarbeitung von Abbildungs-, Stichwort und Quellenverzeichnissen. Last but not least soll auch noch eine Meta-Berichtsebene hinzugefügt werden, um auch dem flüchtigen Leser einen Einblick in den Bericht zu ermöglichen. Die meisten umfangreichen Berichte enthalten daher eine Einleitung / Einführung und / oder ein Vorwort, sowie ein Résumé, auch Executive Summary genannt. Es macht Sinn, diese Abschnitte erst nach Abschluss des Hauptteiles zu erstellen. (Schritte 14 bis 16)

3.4   Dokumentenmanagement im Projekt

3.4.1   Dokumentationslastige Projekttypen

Dokumentation ist
Hauptzweck

Bestimmte Projekttypen kommen ohne eine sehr weitgehende Projektdokumentation gar nicht aus. Häufig ist es sogar so, dass das Projekt selbst im Wesentlichen der Erstellung einer umfangreichen Dokumentation dient. Somit ist
die Dokumentation also nicht Mittel zum Zweck der Projektarbeit, sondern
Hauptzweck des Projektes selbst.

Hierzu gehörten in den 90iger Jahren die so genannten ISO 9000 ff und Quali-
tätsmanagement-Projekte, kurz vor der Jahrtausendwende zählte man die Y2K-
Projekte dazu. In neuerer Zeit fallen in diese Kategorie beispielsweise die
Projekte, die zur Compliance nach dem Sarbanes-Oxley-Act 2002 führen sollen.

An einem solchen Sarbanes-Oxley-Projekt lässt sich beispielhaft die Problematik dokumentationslastiger Projekte erläutern:

Verkürzt ausgedrückt geht es bei einem solchen Projekt darum, alle finanz-
technischen Prozesse eines Unternehmens für einen Außenstehenden verständlich und vollständig zu beschreiben, und sodann in diese Prozesslandschaft
bestimmte Kontrollmechanismen hinein zu planen, die dazu geeignet sind,
wiederum eine Liste von vordefinierten „Reporting Risks" (Berichtsrisiken)
abzudecken. So soll sichergestellt werden, dass nach menschlichem Ermessen
alle durch diese Prozesse erstellten Abschlüsse korrekt sind und den gesetzli-
chen Vorschriften entsprechen.

Mit einem Wort: Es ist eine gigantische Dokumentationsaufgabe.

Auch geht es hierbei nicht um die Erstellung **eines** gemeinsamen Berichtes,
sondern vielmehr um die Erstellung und Verwaltung einer großen Anzahl von
Dokumenten und Versionen.

3.4.2   Spezielle Herausforderungen

Ein solches Projekt eignet sich hervorragend als Showcase für gelebtes Dokumentenmanagement im Projekt. Welches sind die dokumentationstechnischen
Herausforderungen?

- **Team Kommunikation**
  Alle zu dokumentierenden Inhalte, Abläufe und Zeitpläne, zu benutzende
  Vorlagen, Benamungskonventionen, Ablageorte und Berichtswege müssen
  für alle Dokumentationsbeteiligten klar sein. Verhaltensregeln bei der Do-
  kumentenbearbeitung müssen fest vereinbart werden, beispielsweise die
  Konvention, dass ein Dokument, welches sich gerade in Bearbeitung be-

findet, für die Dauer der Bearbeitung für die übrigen Projektmitarbeiter änderungsgesperrt wird und dass die Sperre sofort nach dem Bearbeitungsschritt wieder aufgehoben wird.

- **Zugriffsberechtigungen**
  Die benutzten Laufwerke / Speicherbereiche / Verzeichnisse sollten nur für Projektmitarbeiter zugänglich sein. Die entsprechenden Berechtigungen müssen sachgerecht vergeben und verwaltet werden.

- **Standardisierung**
  Alle Dokumente müssen zum Schluss eine einheitliche äußere, und aber auch inhaltliche Form und Berichtstiefe aufweisen. Für häufig wiederkehrende Begriffe sollten vereinheitlichte Bezeichnungen definiert werden.

  Es muss festgelegt werden, welche Beiträge später zu einem Sammeldokument zusammengefasst werden, und welche als Dateien für sich alleine stehen bleiben.

- **Rollenverteilung**
  Wer ist für welchen Dokumentationsteil schlussendlich verantwortlich, auch wenn mehrere Teammitglieder daran arbeiten?

- **Schnittstellen**
  Es muss festgelegt werden, welche Projektfunktion, bzw. welches Team welchen Bereich abzudecken hat, damit weder Überlappungen entstehen, noch unbearbeitete Bereiche zurück bleiben.

- **Templateverwaltung**
  Wer ist der jeweilige Template Owner, an den Verbesserungsvorschläge gerichtet werden können und der Template Updates herausgeben kann?

- **Übergabepunkte bzw. Ablageorte**
  Wer verwaltet welche Dokumente bis zu welchem Fertigstellungsstatus, wer überarbeitet und wo und wie werden sie zusammengeführt?

- **Verzeichnisstruktur und Verzeichnislogik**
  Welche Dokumente gehören wohin und wer ist für welche Verzeichnisbereiche zuständig?

- **Backup and Recovery**
  Ist jedes Team für Backup zuständig, oder wird dies zentral durchgeführt? Wer ist dafür verantwortlich und in welchen zeitlichen Abständen passiert es?

- **Versionsmanagement**
  Wie sind Dateien zu benennen, woran ist der jeweilige Änderungsstand zu erkennen, wo werden die aktuellen Versionen abgelegt und wer entfernt die nicht mehr aktuellen Versionen?

Und schließlich wird noch ein weiteres bei diesem Projekttyp sichtbar:

Kanalisierter Lernprozess   Der Lernprozess in einem Team oder in einer Anzahl von Teams, die an der gleichen Aufgabe arbeiten, ist überaus intensiv, er muss jedoch professionell geführt und gefördert werden, damit von den Lernergebnissen möglichst schnell das ganze Team profitieren kann und sich an keiner Stelle in der Struktur Frustration breit macht.

Ein Negativbeispiel für einen nicht professionell kanalisierten Lernprozess:

Fallbeispiel   Die ursprünglich erstellten Templates stellten den Stand des Wissens zu Projektbeginn dar. Während der Projektarbeit stellt sich jedoch heraus, dass sie an vielen Stellen nicht praxisgerecht und zu formalistisch sind. Einige Teams treten mit konkreten Verbesserungsvorschlägen an den Template Owner heran.

Dieser, aufgeschreckt von der vermeintlich schlechten Qualität seiner Vorlage, überreagiert und setzt die Vorschläge alle eins zu eins und unmittelbar in die Templates um. Er versendet diese erneut, mit dem Hinweis, dass dies jetzt der aktuelle Stand sei, der bitte von allen zu benutzen sei.

Bereits nach kurzer Zeit wird klar, dass die Änderungswünsche nicht abreißen. Einige Anpassungen, die von Usern vorgeschlagen worden waren, passen anderen Usergruppen wiederum gar nicht. In einem Fall muss zurückgeändert werden. Es macht sich im Feld bereits Unmut breit. Andere Teams beschließen, auf eigene Faust Änderungen vorzunehmen. Alle sind durch die ständigen Vorlagenänderungen verunsichert und das Gefühl macht sich breit, man arbeite auf ein „moving target" zu.

Als Notanker verschickt der Templateowner nun noch einmal die im Moment gültige Version des Templates mit dem Hinweis, dies sei jetzt die endgültig maßgebliche Ausführung. Alle Arbeiten auf anderen Templates würden zurückgewiesen. Um ein Chaos zu vermeiden, weiß er sich nicht anders zu helfen, als auf die autoritäre Seite umzusteuern.

An diesem Punkt ist

a) der produktive Lernprozess zum Erliegen gekommen und
b) die Frustration in den Projektteams komplett.

3.4.3   Lösungsansätze

Wie hätte man diese Situation vermeiden können?

In der Phase der Erstellung des Templates:

- **Einbeziehung der Betroffenen**
  Alle Beteiligten, also die Mitarbeiter, die später mit dem Template arbeiten sollen, müssen auch formal in den Prozess der Templateerstellung und

Freigabe mit einbezogen werden, oder zumindest die Gelegenheit erhalten, Einfluss zu nehmen. Natürlich darf ein solches Dokument nicht in einer endlosen Diskussion zerpflückt und wieder und wieder überarbeitet werden. Es soll ein sinnvoller Mittelweg gefunden werden.

- **Pilotierung auch im Kleinen**
  Vor dem Roll-out kommt der Pilot, will heißen die Praxiserprobung mit kleiner Reichweite, das gilt auch für ein einfaches Template.

Eine ausgewogene und ausdrücklich als Entwurf gekennzeichnete Version sollte jedoch jedem Beteiligten vor der Freigabe zugesandt werden, sodass alle unter Setzung einer Frist kommentieren können.

Hierbei ist wichtig, dass jeder kommentieren kann, aber keiner muss. Ebenso besteht natürlich kein Anspruch darauf, dass vorgeschlagene Änderungen auch einfließen. Die eingehenden Kommentare sind vielmehr gedanklicher Rohstoff, mit Hilfe dessen der letzte Schliff angesetzt werden kann.

Erst dann kommt die offizielle Freigabe des überarbeiteten Dokuments.

In der operativen Phase (Änderungsmanagement):

Schwächen, die im weiteren Verlauf, also sozusagen im Betrieb, bekannt werden, müssen sorgfältig geloggt, d. h. gesammelt und beobachtet werden, sie dürfen in diesem Stadium jedoch nicht mehr dazu führen, dass in hektisches Ändern verfallen wird. *(Schwächen zunächst nur verfolgen)*

Wird der Änderungsbedarf erheblich, dann muss eine neue Version aufgesetzt und angekündigt werden. Die Ankündigung muss eine Erläuterung der Notwendigkeit einer Änderung beinhalten und insbesondere regeln, ab welchem Stichtag, bzw. ab welcher Prozessphase auf die neue Version umzustellen ist. Ebenso ist die Frage zu regeln, was mit den bisher erstellten Dokumenten passiert. Hier geht die Empfehlung dahin, nur im absoluten Notfall von den Template-Usern Nacharbeiten zu verlangen. Wenn mit den Legacy-Dokumenten nicht mehr gearbeitet werden kann, dann sollte die Änderung einen Konversionsmechanismus umfassen, mit dem sich die Inhalte des alten Dokumentes in die neue Vorlage übernehmen lassen. *(Änderungen erläutern)*

Institutionalisierter Lernprozess

Wie erfolgt der Erfahrungsaustausch zwischen den verschiedenen Projektteams, die zwar an verschiedenen Orten, vielleicht in verschiedenen Organisationseinheiten, aber doch an dem gleichen Projekt arbeiten?

Ist es eine ungeordnete Mund-zu-Mund Propaganda, bei der erfahrungsgemäß die negativen Aspekte der Arbeit besonderes Profil gewinnen, oder ist es ein organisierter und zielgerichteter Austausch von Informationen, Meinungen und Erfahrungen? *(Mund-zu-Mund Propaganda nicht gut genug)*

Institutionalisierten
Prozess anbieten

Das Projekt selbst sollte hier einen institutionellen Weg bereit halten. Selbstverständlich ist nichts dagegen zu sagen, wenn der Lernprozess auch zum Teil an dem institutionell gebahnten Weg vorbeigeht.

Der Umstand, dass es regelmäßige Erfa-Meetings, eine Erfahrungsdatenbank oder ein Web-Forum gibt, setzt für die Projektmitarbeiter das Signal, dass die konstruktive Beteiligung der Projektmitarbeiter an dem kontinuierlichen Verbesserungsprozess gewünscht wird. Schlechter Stimmung im Projekt wird dadurch zu einem guten Teil der Boden entzogen.

Informationen filtern

Die Informationen, die den Projektmitarbeitern „von oben", also vom Projektmanagement, über das Projektmanagement oder von außen zufließen, müssen ordentlich und verständlich aufbereitet sein. Es soll also nicht eine Flut von halbwegs relevanten Dokumenten mit Verteiler an alle weitergeleitet werden. Vielmehr sind alle Neuerungen auf Relevanz zu analysieren, aufzubereiten, und dann am besten periodisch (z. B. „der Montags- Projektnewsletter") einem speziellen Adressatenkreis zugeleitet werden.

3.5   Teamwork an Dokumenten

3.5.1   Generelle Gesichtpunkte

Egal ob als Berater oder als fest angestellter Projektmitarbeiter: Die Arbeit an gemeinsamen Dokumenten oder einer gemeinsamen Dokumentenstruktur wird immer mehr zum Normalfall.

Hiermit ist nicht gemeint, dass verschiedene Personen oder Organisationseinheiten Dokumente erstellen und diese dann an eine höhere Instanz senden, wo dann alles konsolidiert und zu einem übergreifenden Bericht verschmolzen wird. So wurden im Papierzeitalter häufig umfangreiche Berichte erstellt.

Mehrere beteiligte
Personen

Vielmehr geht es um die typische Situation, dass eine Anzahl von Personen, unter Umständen sogar aus verschiedenen Organisationseinheiten, Dokumente erstellt und in einer gemeinsamen Struktur ablegt, aber auch von anderen erstellte Dokumente weiterbearbeitet.

Dies geschieht, um innerhalb des Teams eine Transparenz zu erreichen, so dass ein Teammitglied von der Arbeit des anderen problemlos lernen kann, ohne erst den Telefonhörer in die Hand zu nehmen. Das Hin und Herschicken von Dateien wird damit weitgehend überflüssig.

Damit eine solche Zusammenarbeit reibungslos klappt, können verschiedene Wege beschritten werden, mit jeweils mehr oder weniger Freiheiten und Kompetenzen für den Einzelnen. Welcher Weg eingeschlagen wird, hängt von der Komplexität der Aufgabe, von der Größe der Arbeitsgruppe und von der dort zu erwartenden Disziplin ab.

An erster Stelle muss eine Regelung über einen gemeinsamen Ablageort getroffen werden. In der Regel ist das ein allgemein zugängliches Laufwerk oder z. B. eine Lotus Notes Datenbank.

Gemeinsamer Ablageort

Desto länger die Projektarbeit dauert, und umso umfangreicher der bisher erarbeitete Datenwust, umso schwieriger wird die Dokumenten- und die Versionsverwaltung. Ein typisches Problem, welches hier auftritt, ist der Verlust von Änderungen durch Parallelarbeit oder durch Arbeit an nicht aktualisierten Versionen.

Schlechtes Versionsmanagement führt zu Verlust von Änderungen durch Parallelarbeit

Wie schon angedeutet, gibt es verschiedene Wege, hier ein Durcheinander zu vermeiden.

3.5.2 Offener Zugriff (für disziplinierte Teams)

Ist das Team klein und funktioniert die Zusammenarbeit reibungslos und diszipliniert, genügt es, eine Struktur vorzugeben, und es dem Team dann selbst zu überlassen, die Dokumente am richtigen Ort abzulegen. Jeder kann dann seine eigenen Dokumente zwischenspeichern, überarbeiten und weiterführen. Dokumente, die mehreren gehören, bzw. von mehreren bearbeitet werden, sollten dann idealerweise online bearbeitet werden, damit keine Parallelbearbeitung durch mehrere Teammitglieder passieren kann. Die Gewohnheit, ein Dokument zur Bearbeitung auf die eigene Festplatte und, wenn fertig gestellt, wieder auf den Server hoch zu laden, kann hier natürlich dazu führen, dass man damit u. U. zwischenzeitlich erfolgte Änderungen eines Anderen überschreibt.

Hohe Verantwortung für jedes Teammitglied

Will ein Mitarbeiter hier ein Dokument wirklich einmal für das Wochenende mit nach Hause nehmen und lädt es zu diesem Zweck auf seine Festplatte, dann ist es in dieser Systematik unbedingt erforderlich, dass er für diesen Zeitraum das Originaldokument auf dem Team-Ablageplatz deutlich kennzeichnet, zum Beispiel mit der gut sichtbaren Anmerkung:

„Dieses Dokument ist bis zum 10. 11. 2008, 8^{00} h durch in xxx in Bearbeitung. Bitte bis dahin keine Änderungen vornehmen".

Wenn das Projektteam aus verschiedenen Organisationen stammt, die nicht auf einen gemeinsamen Server zugreifen, dann kann oft bereits aus diesem Grund der offene Zugriff nicht realisiert werden. In diesem Fall muss schon aus technischen Gründen auf den kontrollierten Zugriff (siehe Kapitel 3.5.3) ausgewichen werden.

Voraussetzung ist uneingeschränkter technischer Zugriff

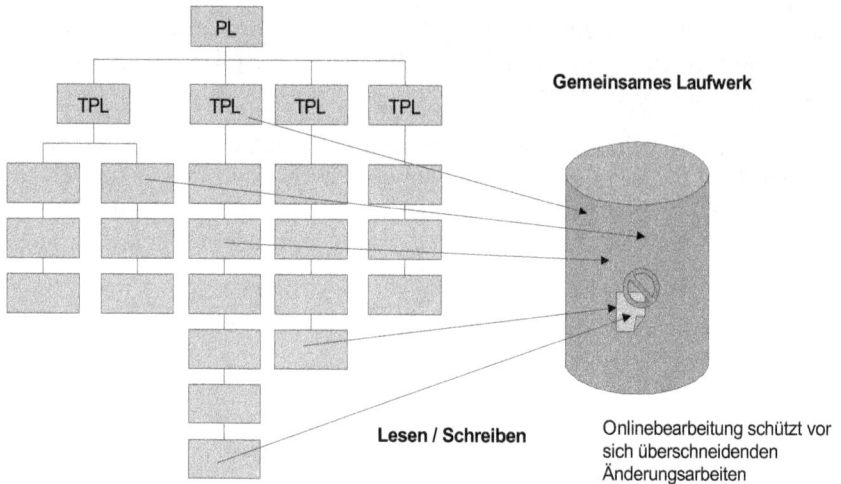

Abb. 27: Alternativen im Dokumentenmanagement: Offener Zugriff

3.5.3   Kontrollierter Zugriff
(für nicht ganz so disziplinierte Teams)

Dokumentenverantwort-licher

Sollte sich herausstellen, das die Methode „Offener Zugriff" technisch nicht realisierbar ist, nicht gut funktioniert, oder von vorn herein als zu riskant erscheint, dann muss ein Dokumentenverantwortlicher ernannt werden, der dann als einziger Schreibberechtigung auf dem zentralen Teamablageort erhält. Alle anderen haben nur Lese- und Kopierberechtigung.

Dokumentenverzeichnis

Zusätzlich gibt es ein Dokumentenverzeichnis, für welche alle Teammitglieder Schreibberechtigung haben. Auf diesem Verzeichnis trägt jeder hinter demjenigen Dokument seinen Namen, sowie Uhrzeit / Datum ein, welches er gerade zu bearbeiten beginnt.

Dann zieht er eine Kopie von dem jeweiligen Dokument und beginnt die Bearbeitung.

Nach der Bearbeitung wird das Dokument dann per Mail an den Dokumentenverantwortlichen geschickt. Dieser stellt sicher, dass auf dem Urdokument gleichzeitig keine weitere Bearbeitung durch weitere Personen erfolgt ist und überschreibt dieses dann mit der überarbeiteten Fassung.

Backup- und Pflege-verantwortung

Der Dokumentenverantwortliche übernimmt es dann normalerweise auch, regelmäßig Sicherungskopien zu erstellen, das übrige Team braucht sich also nicht darum zu kümmern.

Dieser Weg ist etwas bürokratischer, bietet aber erheblich mehr Sicherheit dagegen, dass Arbeit durch unbedachte Überschreibungen verloren geht. Au-

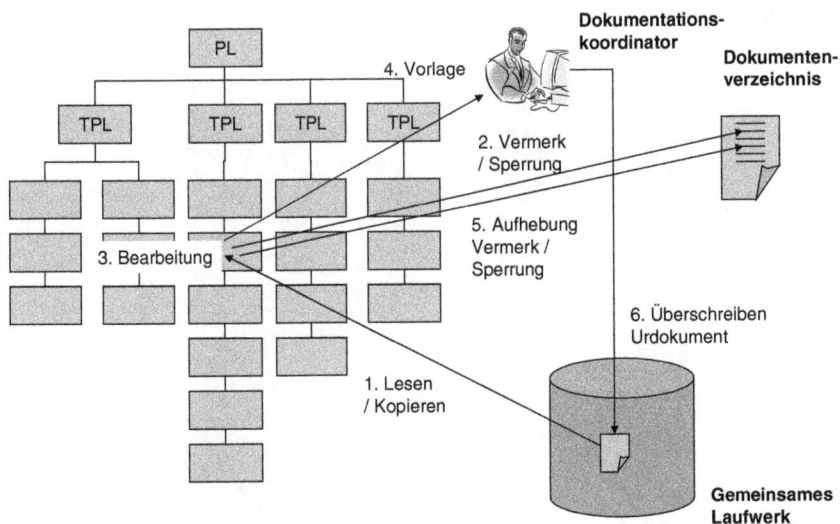

Abb. 28: Alternativen im Dokumentenmanagement: Kontrollierter Zugriff

ßerdem ist von jedem Dokument mit Sicherheit immer nur die aktuelle Version abgespeichert. Die Struktur bleibt also übersichtlich.

Der Dokumentenverantwortliche übernimmt auch weitere Pflegearbeiten auf dem Verzeichnis, zum Beispiel sorgt er dafür, dass nicht mehr benötigte Vorversionen auch irgendwann einmal gelöscht, beziehungsweise in einen separaten Ordner verschoben werden.

3.5.4 Ablegen und Finden

Wenn nun also der gemeinsame Ablageort und dessen Verwaltung geregelt ist, dann bleibt noch, dem Wust von Dokumenten, die im Verlaufe der Projektarbeit gesammelt oder erstellt werden, eine Struktur zu verleihen, die es erlaubt, alles problemlos wieder zu finden, auch das, was man vielleicht gar nicht selbst abgelegt hat. — Dokumentenstruktur

Es ist also wichtig, bereits zu Beginn des Projektes, (also zu einem Zeitpunkt, wo man das Übersichtlichkeitsproblem überhaupt noch nicht hat), eine Ablagestruktur zu entwerfen, die der Projektstruktur angemessen ist.

Ein Beispiel sei hier aufgeführt (s. Abbildung 29).

Wichtig an einer solchen Struktur ist, dass die Bezeichnungen der einzelnen Strukturelemente von allen Teammitgliedern auch in der gleichen Weise verstanden werden. Die Verzeichnisnamen sollten also selbsterklärend sein. Dort wo dies nicht möglich ist, sollte eine schriftliche Erläuterung bereitgestellt werden, die es auch einem Außenstehenden erlaubt, die Struktur zu verstehen und richtig abzulegen bzw. leicht wieder zu finden. — Selbsterklärende Nomenklatur

```
Projekt V2008/138:
01 Projektmanagement
            01 Vertragsunterlagen
            02 Planungsdokumente und Fortschrittskontrolle
            03 Teamanwesenheitsplanung
            04 Aufwand und Reisekosten
            05 Projektabrechnung
            06 Kundenfeedback und Referenz
02 Gesammeltes Sekundärmaterial
            01 Internet
            02 Literatur
            03 Fachzeitschriften
03 Kundendokumente
            01 Finanzzahlen
                        01 Bilanz
                        02 GuV
                        03 Cash-Flow
            02 Organigramm und Stellenbeschreibungen
            03 Präsentationen und Interne Papiere
04 Workshopprotokolle
05 Zwischenbericht
06 Abschlussbericht
            01 Summary
            02 Umfeldanalyse
            03 Strategie
07 Risiken und Chancen
            01 Massnahmen
            02 Zeitplan
08 Anlagen
09 Alte Dokumente und Vorversionen
```

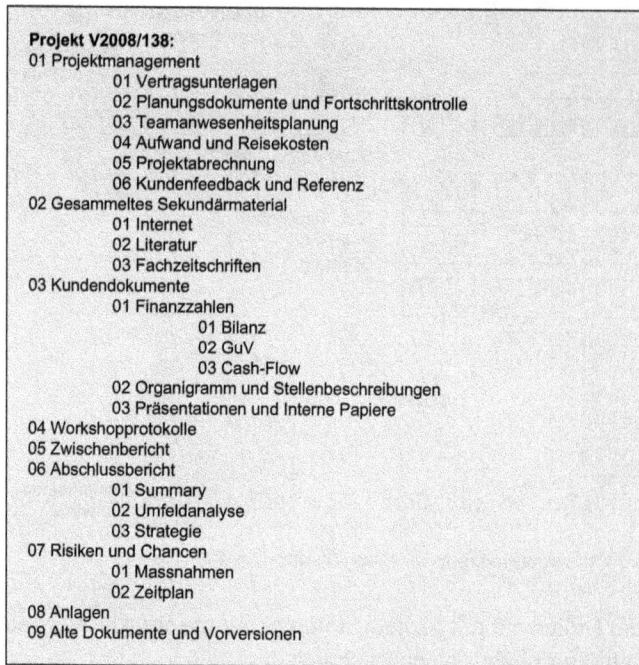

Abb. 29: Strukturplan für Projektdokumentation

Automatische Sortierung umgehen

Manche Dateiverwaltungssysteme, wie zum Beispiel der Windows Explorer, ordnen die angelegten Verzeichnisse automatisch in alphabetischer Reihenfolge. Dies ist nicht immer erwünscht. Wahrscheinlich wird man sich leichter in einer Struktur zurechtfinden, die logisch-linear geordnet ist. Das lässt sich ganz leicht dadurch erreichen, indem die Verzeichnisnamen mit einer Zahl beginnen, z. B. „01 Projektmanagement". Aus diesem Grund ist das oben angeführte Beispiel auch dergestalt aufgebaut. Die automatische Sortierung kann jetzt die logische Folge nicht mehr durcheinander bringen.

Strukturänderungen im Teamkonsens

Erfahrungsgemäß wird es im Verlaufe eines Projektes auch immer wieder erforderlich, die Struktur zu verändern und anzupassen. Dies sollte nicht eigenmächtig durch jeden Einzelnen, sondern im Teamkonsens passieren. Zumindest sollte fortlaufend über die vorgenommenen Strukturfortschreibungen informiert werden, damit sich alle Teammitglieder auch danach noch in der Struktur „zuhause" fühlen.

Namenskonventionen für Dokumente

Auch innerhalb einer solchen Struktur wird es noch genügend Unaufgeräumtheit geben, insbesondere deshalb, weil jeder Projektmitarbeiter das Bestreben hat, auch nach einer Überarbeitung die Vorversionen der Datei noch weiter aufzuheben, nur für alle Fälle. Dagegen ist auch nichts einzuwenden (man kann ja einen Folder „old documents" einrichten), wichtig ist aber, dass die aktuelle Version immer erkennbar ist, und zwar schon im Dateinamen.

Aus diesem Grunde gibt es Namenskonventionen, an die sich das gesamte Team halten muss.

Ein Beispiel für den Aufbau einer solchen Struktur sieht folgendermaßen aus:

„Dokumententyp / Prozessbezeichnung / Organisationseinheit / Erstellungs-datum / Freigabestatus"

Fallbeispiel

Die Ausgestaltung im Einzelnen könnte dann so aussehen:

„Prozessbeschreibung / Prozess G / Werk 47 / 12.10.2006 / Entwurf"

Kurzfassung:
„PB.G.47.12.10.06.Ent.doc"

Analog der Dokumentenstruktur, die sich mit der Ablagestruktur für die Dokumente befasst, muss natürlich auch der Aufbau der einzelnen Dokumente selbst sinnvoll organisiert sein. Handelt es sich um Dokumente, die von allen gemeinsam genutzt, oder um solche, die mehrfach ausgefertigt werden, muss unbedingt eine Vorgabe durch die Projektleitung oder den Dokumentenver-antwortlichen erfolgen.

Dokumentenaufbau

Wie die Vorgabe im Einzelnen aussieht, ist natürlich ganz stark vom Zweck und Inhalt des Dokumentes geprägt. Einige wenige Elemente finden sich jedoch in den meisten Dokumenten wieder:

- Organisationseinheit
- Projektbezeichnung
- Dokumentbezeichnung (Langversion), möglichst in Übereinstimmung mit dem Dokumentnamen (Filename)
- Version / Freigabestatus
- Erstellungsdatum
- Datum der letzen Änderung
- Ersteller

Ein Teil dieser Angaben kann auf die Deckblattseite bzw. den Dokumenten-kopf, ein weiterer Teil wird sich vielleicht sogar auf jeder Seite wieder finden. Das hängt vom Einzelfall ab.

Bei umfangreichen Dokumenten muss natürlich auch das Dokument selbst wiederum angemessen gegliedert sein, die Gliederung wird als Inhaltsver-zeichnis / Dokumentenübersicht präsentiert.

Bei Textdokumenten kommt unter Umständen noch ein Stichwortverzeichnis, Quellenverzeichnis und evtl. Anlagenverzeichnis dazu.

Eine weitere sinnvolle Ergänzung bei gemeinsam genutzten Dokumenten (shared documents) ist ein Änderungsindex, anhand dessen sich die Historie zurückverfolgen lässt.

Referenzierung oder
Copy / Paste?

Eine wichtige Frage muss im Dokumentenmanagement immer beantwortet werden:

Meistens gibt es bestimmte Schlüsselinhalte, die in mehreren Zusammenhängen interessant sind, bzw. in mehreren Anwendersichten enthalten sein sollen.

Sollen diese Inhalte nun

a) an verschiedenen Stellen wiederholt werden (Copy / Paste – Methode) oder
b) zentral nur an einem Ort geführt werden, auf den dann von verschiedenen Stellen aus verwiesen werden soll? (Referenzierungsmethode)

Jeder IT-Experte wird sofort für die Lösung b) plädieren, allein schon um den Pflegeaufwand zu optimieren. Und so ist es im Grunde auch: Jeder Inhalt sollte eigentlich nur an einem Ort vorhanden sein und auch dort gepflegt werden. Jedenfalls ist das eindeutig die beste Lösung – wenn sie sich denn auch realisieren lässt. Voraussetzung dafür ist eine stabile Verlinkung zwischen den Dokumenten im Bezugssystem.

Referenzierungen updaten

Wird direkt auf ein Dokument verwiesen, dann kann es sein, dass dieses Dokument später in einer überarbeiteten Version unter neuem Namen abgespeichert wird. Die Referenz wird dann also fortan auf ein veraltetes Dokument zeigen. Verfügt das Unternehmen über ein Dokumentenmanagementsystem oder zumindest über eine übergreifende Adressierungssystematik, so kann hier Abhilfe geschaffen werden, indem der Verweis immer nur auf die Dokumentennummer / die Dokumentenadresse aus dem Dokumentenmanagementsystem gerichtet wird. Wird dann später das verwiesene Dokument aktualisiert, so ist immer die jeweils aktualisierte Version wieder unter der gleichen Referenz zu finden.

Es obliegt dann dem für die Dokumentennummer / Dokumentenadresse Verantwortlichen, dafür zu sorgen, dass immer das aktuelle Dokument abgelegt ist.

Probleme kann es jedoch trotzdem auf der praktischen Ebene geben. Werden zum Beispiel einfach Dokumentenlinks oder Shortcuts gesetzt, dann funktionieren diese nach der ersten Verzeichnisumstrukturierung bereits nicht mehr. In der Druckversion sind die Links ohnehin wertlos.

Deshalb muss mitunter von der Referenzierungsmethode auch abgewichen werden, wenn es hierfür einen guten Grund gibt.

Backupverantwortung

Eine schlechte Lösung ist es, wenn jedes Teammitglied für sich selbst Backups macht oder glaubt, machen zu müssen. Es macht am meisten Arbeit und braucht am meisten Speicherplatz.

Noch schlechter ist es natürlich, wenn alle oder einige glauben, für Backup wäre schon gesorgt, dies aber in Wirklichkeit nicht der Fall ist.

Die sauberste Lösung ist es, täglich ein automatisches Backup auf dem gemeinsamen Laufwerk zu fahren, und jeden darüber auch zu informieren.

Dann kann sich jedes Teammitglied voll und ganz auf seine inhaltliche Arbeit
konzentrieren, bzw. auch noch etwas über dieses automatische Backup hinaus
tun, falls dies für erforderlich erachtet wird.

Auf jeden Fall sollte die Frage der Backup-Verantwortung von Anfang an klar
geregelt sein.

3.5.5   Zentrales Steuerungsdokument

Die heutigen datentechnischen Möglichkeiten sorgen dafür, dass mit wenig
Personalaufwand viele Gigabyte an Dokumenten zu erstellen sind.

Wie sieht das Dokumentenmanagement für ein erfolgreiches Projekt aus?

Ein leistungsfähiges Dokumentenmanagement sorgt dafür, dass dieses Daten-
volumen auch nutzbar bleibt und nicht zu Datenmüll wird.

Ein sicheres Mittel, der Arbeit des Teams einen gemeinsamen Fokus zu geben,
ist es, ein zentrales Projektdokument zu entwickeln.

Ein Kennzeichen erfolgreicher und reibungslos verlaufender Projekte ist häu-
fig, dass bei diesen ein intelligentes Dokument im Mittelpunkt der gesamten
Arbeit steht. Dieses bildet gleichzeitig die Struktur, eine Möglichkeit zur
Fortschrittskontrolle und manchmal sogar das Projektergebnis selbst.

Zentrales Projektdokument entwickeln

Wenn es möglich ist, ein solches Zentraldokument zu erstellen und zu nutzen, dann sollte von dieser Möglichkeit auf jeden Fall Gebrauch gemacht werden.

Die Ausgestaltung hängt natürlich von der Projektaufgabe und -struktur ab.
Im einfachsten Fall kann dies eine To-do Liste sein, auf der Terminziele und
Verantwortliche festgeschrieben und der Abarbeitungsgrad jeweils in Pro-
zentwerten nachgehalten wird.

Wenn es möglich ist, die Projektergebnisse selbst, in Form von Dokumenten,
ebenfalls auf dieser Liste (z.B. als Attachments) abzulegen, dann umso besser.

Der Projektleiter tut immer gut daran, die Arbeit des Projektteams stark auf die
Dokumentation zu fokussieren. Auf diese Weise stellt sich von alleine eine
gewisse Zielgerichtetheit der Arbeit ein.

Wenn ein Projektteam nach einer zweistündigen Sitzung, nach der es nichts zu
dokumentieren gibt, von sich aus beginnt sich zu fragen, ob man die Zeit sinnvoll eingesetzt hat, dann ist dies manchmal auch Ausfluss einer gesunden
„Dokumentationskultur".

3.6   Projektkommunikation

3.6.1   Externe Projektkommunikation

Während die interne Projektkommunikation häufig als ein absolutes „Must"
akzeptiert wird, so fristet die externe Projektkommunikation mitunter ein
Schattendasein und rangiert unter „nice to have", um beim Neudeutsch zu
bleiben.

Kommunikation häufig
erfolgsentscheidend

Wer sich jedoch näher mit der Historie von gescheiterten oder nie verwirklich-
ten Projekten befasst, der wird feststellen, dass die Ursache dafür sehr häufig
in der Kommunikation zwischen den Projektverantwortlichen und deren Umfeld – beziehungsweise eben in der fehlenden Kommunikation – zu suchen
war.

Ausgangspunkt einer zielgerichteten externen Projektkommunikation ist die
Erkenntnis, dass in der Regel nicht die Projektmitarbeiter oder der Projektleiter
darüber entscheiden, ob das Projekt zum Schluss als gut bewertet wird oder
nicht, und eben auch nicht der Projektauftraggeber alleine.

Stakeholder identifizieren

Im Normalfall ist es vielmehr so, dass noch sehr viele weitere Personen direkt
oder indirekt von dem Projekt betroffen sind oder zumindest davon tangiert
werden. Andere Personen haben, auch wenn sie vielleicht gar nicht tangiert
sind, aufgrund ihrer Position oder Machtstellung die Möglichkeit, das Projektziel entweder zu befördern oder auch zu behindern. Dieser Personenkreis insgesamt wird mit „Stakeholder" bezeichnet.

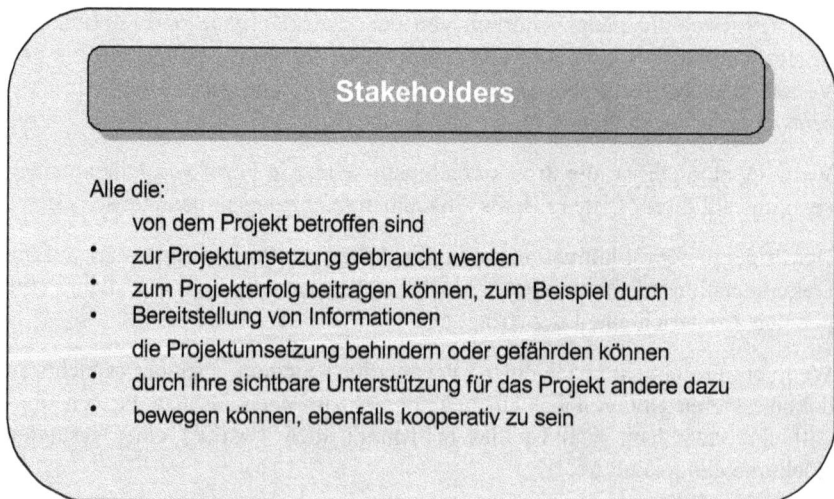

Stakeholders

Alle die:

- von dem Projekt betroffen sind
- zur Projektumsetzung gebraucht werden
- zum Projekterfolg beitragen können, zum Beispiel durch
  Bereitstellung von Informationen
- die Projektumsetzung behindern oder gefährden können
- durch ihre sichtbare Unterstützung für das Projekt andere dazu
  bewegen können, ebenfalls kooperativ zu sein

Abb. 30: Wer sind „Stakeholders"

Es ist also durchaus denkbar – und gar nicht so selten der Fall – dass ein komplettes Projektteam recht zufrieden mit seiner Arbeit ist, weil eben die Auftragsbeschreibung, bzw. „Terms of Reference" buchstabengetreu abgearbeitet wurden, das Projektergebnis aber absolut auf keine Gegenliebe bei Auftraggebern und den übrigen Stakeholdern trifft.

Aus dieser Erfahrung heraus, sollte eigentlich für jedes noch so kleine Projekt eine professionelle Projektkommunikation nach außen hin aufgesetzt werden.

Schon vom Wortsinn her ist Kommunikation immer eine bidirektionale Angelegenheit. Genauso wichtig wie die Nachrichten, die vom Projekt ausgesandt werden, sind also auch die Signale, die aus dem Umfeld eintreffen. Beide Kommunikationspartner sollten also zunächst einmal als gleichberechtigt angesehen werden. Dies gilt in Bezug auf die Bedeutsamkeit der Beiträge, nicht jedoch in Bezug auf die Verantwortlichkeiten im Kommunikationsprozess. Diese verbleibt einzig und allein beim Projekt selbst. Das Projekt, bzw. die Projektverantwortlichen, tragen die vollen Konsequenzen, wenn die externe Projektkommunikation nicht das erhoffte Ergebnis bringt. Deshalb liegt es auch in ihrem ureigenen Interesse, diesen Prozess anzuschieben, unabhängig davon, ob auf der Gegenseite großes Interesse daran besteht oder nicht.

Kommunikation bidirektional angelegt

Zwei Grundsätze gelten für die externe Projektkommunikation:

- **Kommunikation von Anfang an**

und

- **Kommunikation als fortlaufender Prozess**

Was ist der Hintergrund für diese beiden Merksätze?

Kommunikation von Anfang an: Es soll vermieden werden, dass ein Projekt anrollt, ohne dass es ein Kommunikationskonzept gibt. Auch wenn geplant ist, zu einem späteren Zeitpunkt alle Beteiligten und Betroffenen zu informieren, so werden diese doch bereits vom Projektstart Kenntnis nehmen und den Umstand des „Nicht-Informiert-Seins" negativ vermerken. Anstatt einen positiven und konstruktiven Informationsprozess vom Projekt aus zu initiieren, wird dann häufig ein negativer Kommunikationsprozess vom Projektumfeld aus angestoßen. Diesen später wieder in konstruktive Bahnen zu lenken, ist manchmal schwierig. Meist kommt die Projektkommunikation dann aus der defensiven Rolle nicht mehr heraus.

Initiative soll vom Projekt ausgehen

Kommunikation als fortlaufender Prozess: Mit diesem Merksatz soll darauf hingewiesen werden, dass es nicht genügt, nur zu Projektbeginn intensiv zu informieren, und dann zu erwarten, dass es jetzt eigentlich genügen müsse. Es liegt im Wesen des Dialogs, dass sich Meinungen und Standpunkte ändern können. Deshalb soll eine fortlaufende Kommunikation mit wechselnden Inhalten aufrecht erhalten werden.

Standpunkte können sich ändern

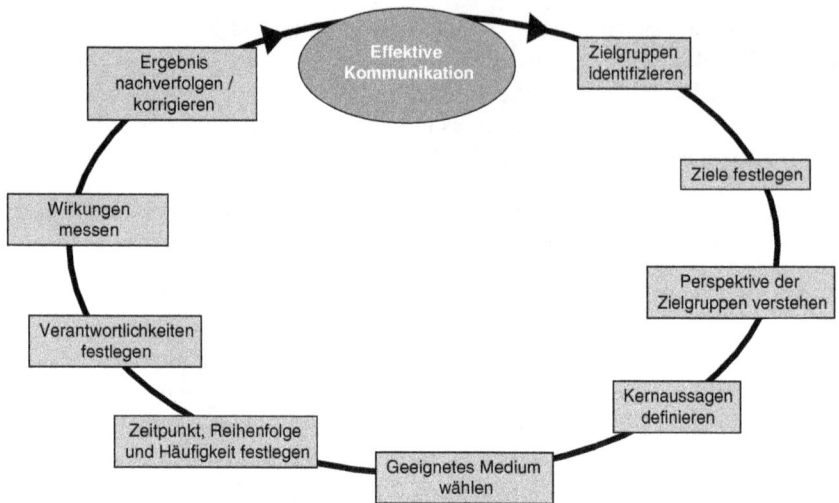

Abb. 31: Kreislauf der Kommunikation

Damit ist aber auch gemeint, dass es häufig nicht genügt, bestimmte Botschaften zu definieren, mit denen dann vom Projektstart bis zum Projektende gearbeitet werden kann. Sowohl das Kommunikationskonzept muss in der Lage sein, in Funktion wandelnder Rahmenbedingungen zu mutieren, wie auch die Informationsinhalte und Argumentationslinien.

Wie nachfolgend noch detaillierter geschildert, vollzieht sich der Kommunikationsprozess in den folgenden Schritten:

- Zielgruppen (Stakeholder) werden identifiziert
- Kommunikationsziele werden festgelegt
- Die Interessenlage / Perspektive der verschiedenen Zielgruppen wird beleuchtet
- Die Kernaussagen der Kommunikation werden festgelegt
- Geeignete Medien und Kommunikationsvehikel werden ausgewählt
- Zeitpunkt, Reihenfolge und Häufigkeit der Information werden festgelegt
- Verantwortlichkeiten innerhalb des Kommunikationsteams werden festgelegt
- Die erzielten Wirkungen der Kommunikationsaktivitäten werden überprüft
- Das Ergebnis wird nachverfolgt und das Konzept **gegebenenfalls angepasst**

Nachfolgend sind noch einige Instrumente gezeigt, mit Hilfe derer ein solcher Kommunikationskreislauf gestaltet werden kann.

Diese Matrix dient zunächst einmal zur Identifikation der verschiedenen Personengruppen, die zu den Stakeholdern gezählt werden können. Weiterhin ist hier wichtig, dass diese Gruppe der Stakeholder in möglichst homogene Teil-

Stakeholder-gruppen	Geschäfts-leitung	Divisions-leitung	Kunden / Lieferanten	Betroffener Bereich / User	Controlling
Schlüsselpersonen / Opinion Leaders	Dr. Franke Dr. Hung	Herr Gasten	Sanofi Bayer Roche	Frau Mattke Herr Hoffmenn Herr Schelke	Dr. Aikins
„Hot Buttons", Befürchtungen, Interessen	Befürchtung „Never Ending Story"	Einhaltung Zeitplan, die besten Leute ins Projektteam	Kontinuität des Ansprechpartner, Einschränkungen Servicelevel in der Übergangsphase	„User-Friendliness", gründliche Pilotierung	Sauberes Reporting, ehrliche Fortschritts-erfassung
Was können sie beitragen?	Greenlight, Sichtbare Unterstützung des Projektes	Bereitstellung ausreichendes Budget, Befürwortung Freistellung Personal	Teilnahme Umfrage Kundenwünsche, Definition Schnittstellen-anforderungen	Aktive Teilnahme, Bereitstellung Know-How und Personal	
Wie bekommen wir das Buy-In?	Schlüssiges und pragmatisches Projektkonzept	Bereits vorhanden	Offene Information der Schlüsselkunden	Volle Beteiligung bei Projektkonzept-ionierung und auch später	
Schlüssel Botschaften	Klares, durchdachtes Konzept. Keine „Ausweitungs-Schlupflöcher"		Projekt führt langfristig zu Serviceverbes-serung	Dieses Projekt sichert die Zukunft dieses Bereiches	

Abb. 32: Stakeholder Kommunikationsplan

gruppen differenziert werden kann, um dann auch individuelle Kommunika-tionsstrategien entwickeln zu können. Wenn es innerhalb einer Gruppe, neh-men wir als Beispiel die User Community für eine Software-Applikation, ganz unterschiedliche Sichtweisen, Bedürfnisse und Interessen gibt, dann ist es durchaus zulässig und ratsam, diese auch in mehrere separate Stakeholderkate-gorien einzuteilen.

Im zweiten Schritt wird dann versucht, die spezifische Sichtweise einer jeden Gruppe zu verstehen und niederzuschreiben. Dies ist die Basis für die Erstel-lung eines Kommunikationskonzeptes.

Auf dieser Stufe wird für jede der Stakeholdergruppen – und gegebenenfalls auch für jede Projektphase – definiert, welches die wichtigsten Botschaften („Key Messages") an die Zielgruppen sein sollen. Die Botschaften sollen hier nicht ausformuliert sein. Es genügt, den inhaltlichen Kern dessen, was an-kommen und verstanden werden soll, aufzuschreiben.

In dieser Matrix (Abb. 34) wiederum kann festgelegt werden, welche Ziel-gruppe auf welchen Wegen angesprochen werden soll, also zum Beispiel wel-che Medien, Gremien und Anlässe für die Verbreitung von Botschaften be-nutzt werden könnten.

Zielgruppe	Phase 1	Phase 2	Phase 3	Phase 4
Executive Committee	Grob-konzept	Detail-planung		
Geschäfts-bereiche	Vorabinfo		Detail-planung	Update Fortschritt
Zentralbereiche	Vorabinfo		Detail-planung	Update Fortschritt
Länder-gesellschaften		Vorabinfo	Detail-planung	
Betriebsrat	Vorabinfo	Grob-konzept	Detail-planung	
Aufsichtsrat		Grob-konzept	Detail-planung	Update Fortschritt
Banken			Grob-konzept	Update Fortschritt

Abb. 33: Stakeholder Message Planning

Die Ausgestaltung des einzelnen Kommunikationsdokumentes, also der Präsentation, des Artikels, der Website oder des Plakats hängt ja bekanntlich neben der Zielgruppe auch von dem gewählten Verbreitungsweg ab.

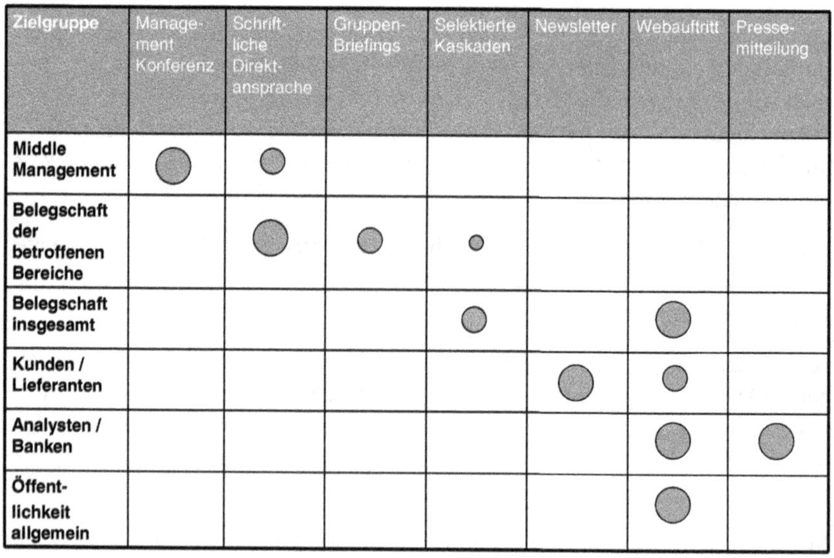

Zielgruppe	Manage-ment Konferenz	Schrift-liche Direkt-ansprache	Gruppen-Briefings	Selektierte Kaskaden	Newsletter	Webauftritt	Presse-mitteilung
Middle Management	●	○					
Belegschaft der betroffenen Bereiche		●	○	○			
Belegschaft insgesamt				○		●	
Kunden / Lieferanten					○	○	
Analysten / Banken						●	●
Öffent-lichkeit allgemein						●	

Abb. 34: Mediaplanung

Sind auch hier die entsprechenden Festlegungen getroffen, so stehen die nachfolgend aufgezählten Grundpfeiler eines Kommunikationskonzeptes:

- wer soll informiert werden?
- welches sind die Kernbotschaften?
- welche Kommunikationswege / welche Medien sollen genutzt werden?

Auf dieser Basis können nun die einzelnen Dokumente ausgearbeitet, und der Kommunikationssprozess selbst in die Wege geleitet werden.

3.6.2   Interne Projektkommunikation

Das Management der Kommunikationsprozesse innerhalb einer Projektstruktur ist eine große Herausforderung. Während die externe Projektkommunikation Analogien mit der allgemeinen Unternehmenskommunikation aufweist, und mit einem Grundlagenwissen aus Marketing und PR im Prinzip bewältigt werden kann, ist die interne Projektkommunikation eine ganz spezielle Aufgabenstellung, mit der sich Projektführungspersonal eingehend befassen muss.

Die Praxis zeigt, dass zwischen 10 und 70 % der gesamten Projektarbeitszeit für verschiedene Formen der internen Kommunikation verbraucht werden.

bis zu 70 % des Projektaufwands entfällt auf Kommunikation

Somit sind Kommunikationsprozesse auch unter Kosten- und Aufwandsgesichtspunkten zu sehen. Abgesehen von dem zeitlichen und damit auch kostenmäßigen Aufwand ist jedoch viel entscheidender, in welchem Masse durch die geleistete Kommunikation auch eine saubere Abstimmung und Synchronisierung der verschiedenen Aktivitäten erreicht wird.

Kommunikationsaufwand und erreichte Wirkungen

Hier stehen Projektstrukturen vor besonderen Herausforderungen. Während Linienstrukturen normalerweise über eingespielte Kommunikationsprozesse verfügen – formell oder informell –, müssen diese für ein Projekt erst geschaffen werden.

Besonders dann, wenn Zielstellungen, Arbeitspläne, Rollenzuweisungen oder Schnittstellen nicht klar definiert sind, entsteht mitunter ein enormer zusätzlicher Aufwand an Kommunikation innerhalb des Projektes. Dieser währt so lange, bis sich der Mechanismus eingeschliffen hat.

Strukturelle Unklarheiten müssen durch erhöhte Kommunikation aufgefangen werden

Weiterhin entstehen auch besondere, mit der Eigenart von Projektarbeit zusammenhängende Probleme auf der gruppendynamischen Ebene. (sog. „People Issues") Hier kommen Menschen aus verschiedensten Sphären und meist auch aus verschiedenen Fachrichtungen und Berufen zusammen, die nun für eine gewisse Zeit eng und vertrauensvoll zusammenarbeiten sollen.

Gruppendynamik ist die eigentliche Herausforderung in der Projektarbeit

Multi-Site Projekte sind
noch schwieriger

Manchmal kommt noch erschwerend hinzu, dass die Projektmitarbeiter auf verschiedene Orte verteilt sind, sich also nur sporadisch sehen und überwiegend auf medialem Wege miteinander kommunizieren.

Das Management der gruppendynamischen Prozesse – insofern man hier überhaupt von Management sprechen kann – ist also meist einer der großen Erfolgsfaktoren für die Projektleitung. Dies wurde bereits in dem Kapitel 2.4.1 ausgeführt. Um diesen Gedanken etwas weiter zu präzisieren – das Management der gruppendynamischen Prozesse beschränkt sich im Wesentlichen auf die Elemente:

* Zieldefinitionen
* Zusammenstellung des Projektteams
* Rollenzuweisung und Schnittstellendefinitionen
* Organisation der Kommunikationsprozesse

Begrenzter Handlungs-
spielraum

Aus der Aufzählung dieser Elemente wird ersichtlich, dass der Handlungsspielraum beim Management der gruppendynamischen Prozesse recht begrenzt ist.

Die Ziele und die Zusammensetzung des Projektteams sind meist vorgegeben. Somit verbleiben die Elemente „Rollenzuweisung und Schnittstellendefinitionen", sowie „Organisation der Kommunikationsprozesse" als nutzbare Stellschrauben und Steuerungselemente.

Klare Organisation ist
Voraussetzung für
problemfreie Gruppen-
dynamik

Eine saubere organisatorische Aufgleisung des Projektes ist also eine der Voraussetzungen für eine positive gruppendynamische Entwicklung, eine sorgfältige Gestaltung der Kommunikationsprozesse die andere.

Um die Darstellung der nun folgenden Ausführungen zu erleichtern, soll an dieser Stelle folgendes Schaubild eingeführt werden:

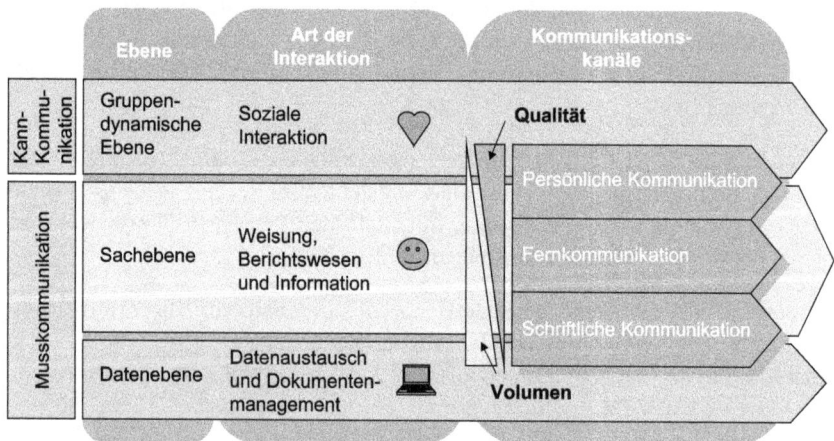

Abb.35: Ebenen der Projektkommunikation

Wie daraus ersichtlich wird, gibt es drei Ebenen der internen Projektkommuni- Ebenen der Projekt-
kation.

Ebenen der Projektkommunikation

Untere Ebene: Daten
(„Maschine-zu-Maschine", hilfsweise auch „Mensch-zu-Mensch")

An unterster Stelle steht der einfache Austausch von Daten und selbsterklären-
den Informationen, für die es also genügen würde, diese einfach den Zielpersonen nur mitzuteilen. Eine Einwegkommunikation (bezogen auf die einzelne
Transaktion) würde hier ausreichen.

Im Mittelpunkt steht die Frage, wie ein Austausch von Daten und Informationen innerhalb des Projektes sinnvoll und mit minimiertem Aufwand vonstatten
gehen kann.

In einer vernetzten Welt sollte das Gros der Transaktionen auf Maschinenebe- *Hauptvolumen auf*
ne stattfinden. Damit sind alle technischen Möglichkeiten gemeint, die es hier *Maschinenebene*
gibt:

- Die Ablage von Daten in einer Datenbank auf die mehrere Mitarbeiter
  Zugriff haben
- Die gemeinsame Nutzung eines Projektlaufwerks
- Die Übersendung oder Übergabe von Dateien und Listen in elektronischer
  Form
- etc.

Diese Form des Informationsaustauschs ist sehr kostengünstig und effektiv. *Kostengünstig und*
Die als Empfänger der Information bestimmte Person kann für sich entschei- *effektiv*
den, welche Informationen wichtig sind, also gelesen werden und damit von
„Maschinen-Know-how" zu „Kopf-Know-how" werden. Alle übrigen Informationen kann er für zukünftige Verwendung speichern oder verwerfen / lö-
schen. Dies ist aus der Sicht des Empfängers ein Vorteil, aus der Sicht des
Informationsemittenten kann dies jedoch auch ein großer Nachteil sein. Er
weiß nicht, ob seine Botschaften wirklich ankommen oder eben nicht.

Diese Kommunikationsebene ist sehr „empfängerfreundlich", weist diesem
große Freiheitsgrade, aber auch eine große Verantwortung zu.

Mittlere Ebene: Sachlicher Austausch
(„Mensch-zu-Mensch auf Kopfebene)

Wie werden die Abstimmungs-, Informations- und Kommunikationsprozesse
innerhalb der Projektorganisation gestaltet, die sich weder auf der gruppendynamischen, noch auf der Datenebene abspielen?

Hier erfolgen komplexere Übermittlungen von Informationen. Meist solche, *Komplexere Abstimmun-*
die entweder einer Erklärung bedürfen, solche, die am besten im Dialog ver- *gen im Dialog*
mittelt werden, oder solche, bei denen das Element der Überzeugung im Vor-

dergrund steht. In jedem Fall handelt es sich hier um Transaktionen, die eine Zweiwegkommunikation erfordern.

Die Sachebene ist die Ebene der bewussten und aktiven menschlichen Abstimmungs- und Informationsprozesse. Hier wird nicht nur Information bereitgestellt und angeboten, hier wird auch motiviert, überzeugt und überprüft, ob die Information auch richtig angekommen ist.

Die Kommunikationsvorfälle eines Projektes auf der mittleren Ebene lassen sich in drei Grundkategorien einteilen:

- Die vertikale Kommunikation entlang der Projekthierarchie von oben nach unten, subsumiert unter dem Begriff „Weisung"
- Die vertikale Kommunikation entlang der Projekthierarchie von unten nach oben, subsumiert unter dem Begriff „Bericht"
- Die horizontale Kommunikation innerhalb der Organisation, auch über organisatorische Strukturen hinweg, subsumiert unter dem Begriff „Information / Abstimmung"

Natürlich können alle diese Transaktionskategorien innerhalb eines Gesprächs oder Meetings vermischt sein.

Der Bedarf an Kommunikationsvorgängen der Grundkategorien „Weisung" und „Bericht" wird verringert durch klare Zielvorgaben, einer hohen Eignung der Mitarbeiter und einem Führungsstil, der durch Delegation, Vertrauen und eigenverantwortliches Handeln gekennzeichnet ist.

Die Grundkategorie „Information / Abstimmung" ist umso weniger bedeutungsvoll, je klarer der organisatorische Aufbau und je besser der Support der Wissenstransferprozesse durch ein leistungsfähiges Dokumentenmanagement auf der IT-Ebene organisiert ist.

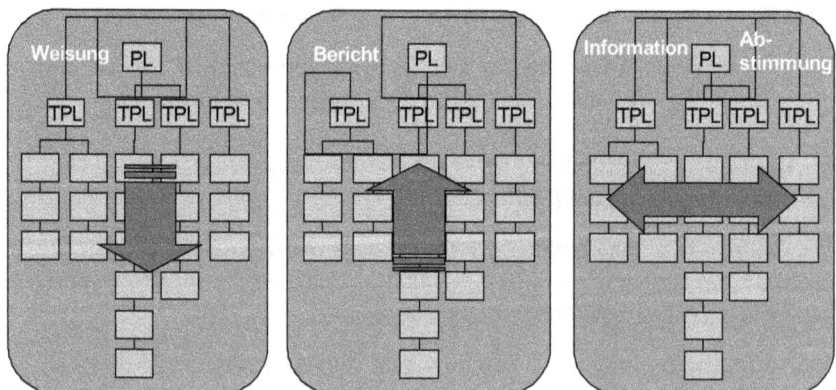

Abb. 36: Kategorien der projektinternen Kommunikation

Jede dieser drei Grundkategorien der Kommunikation birgt aus gruppendyna-   Sachebene birgt
Konfliktpotential
mischer Sicht mehr Konfliktpotential als Chancen. Wenn es also gelingt, die
Transaktionsnotwendigkeiten hier zu verringern, ist dies aus gruppendynamischer Sicht positiv zu werten.

Bei all dem Gesagten bleibt es natürlich dabei, dass trotz aller Vereinfachung
noch bestehen bleibenden Kommunikationsnotwendigkeiten auf der Sach-
oder Datenebene natürlich befriedigt werden müssen.

Schließlich, in der Darstellung in Abb. 35 an oberster Stelle, folgt die Ebene
der gruppendynamisch wirksamen Kommunikation.

Obere Ebene: Gruppendynamische Interaktion
(„Mensch-zu-Mensch" auf Bauchebene)

Diese Ebene ist am schwersten zu fassen. Sie folgt nicht der Organisation
oder den Weisungen der Projektleitung, sondern ist per se informell und freiwillig.

Trotzdem ist die Projektleitung für die Schaffung von Rahmenbedingungen   Projekt schafft Rahmen-
verantwortlich, die eine Kommunikation auf dieser Ebene ermöglichen, be-   bedingungen für Kommu-
günstigen oder eben weitgehend verhindern, bzw. negativ beeinflussen.   nikation

Diese Kommunikationsebene besteht aus all jenen Kommunikationsvorgängen, die weder der Daten-, noch der Sachebene angehören.

Wie wird die Gruppendynamik im Team durch kommunikative Maßnahmen   Positive Einflüsse
beeinflusst? Grundsätzlich kann diese Beeinflussung, wie aus den nachfolgend   überwiegen
angeführten Beispielen ersichtlich, sowohl im positiven, wie auch im negativen Sinne erfolgen. Die positiven Einflüsse überwiegen jedoch im allgemeinen. Probleme auf der gruppendynamischen Ebene entstehen in der Regel
nicht durch negative Kommunikation, sondern durch mangelnde Kommunikation.

Einige Beispiele für Kommunikationsvorfälle auf der gruppendynamischen
Ebene:

- Die Projektleitung lädt zur Jahresabschlussfeier und dankt den Projektmit-
  arbeitern für ihren ausserordentlichen Einsatz.
- Kollegen unterhalten sich in Kaffeerunde über die voraussichtliche weitere
  Unternehmensentwicklung.
- Kollegen tauschen sich vertraulich über die Fähigkeiten einer Führungs-
  kraft aus.
- Kollegen schicken sich per Mail gegenseitig Witze oder Zeitungsartikel zu.
- Kollegen gratulieren sich gegenseitig zum Geburtstag.
- Kollegen rufen sich gegenseitig an, um ein paar private Dinge auszutau-
  schen und mal abzuschalten.

- Ein Mitarbeiter beschwert sich aus persönlicher Antipathie über einen Kollegen.
- Zu Beginn eines formellen Meetings findet Smalltalk statt.

Man sieht, es handelt sich überwiegend um „überflüssige" Vorgänge, zum Teil mit Inhalten aus dem persönlichen oder sogar privaten Bereich. Was in diesem Fall zählt, ist dass überhaupt ein persönlicher Kontakt stattfindet. Dies ist im Normalfall angenehm für die Beteiligten und macht den Arbeitsalltag reizvoller.

„Zweckentfremdete" Arbeitszeit

Oberflächlich betrachtet wird durch diese Prozesse Arbeitszeit zweckentfremdet eingesetzt. Hingegen begünstigen diese Prozesse einen freien Informationsfluss und reibungslosen Austausch zwischen den Projektbeteiligten.

Natürlich ist das Zeitbudget für derlei Aktivitäten immer beschränkt. Entscheidend ist weniger, wie viel Kommunikation auf dieser Ebene stattfindet, sondern dass hier qualitativ hochwertige und für die Gruppendynamik positive Kommunikation stattfindet.

Da sich die Inhalte hier nicht projekttechnisch steuern lassen, kann höchstens ein gewisser Einfluss auf die Form genommen werden. Die Kommunikation auf der gruppendynamischen Ebene führt immer ein Eigenleben. Darauf soll an anderer Stelle noch eingegangen werden.

Sowohl die gruppendynamische Ebene, wie auch die Datenebene werden im Rahmen dieses Buches an anderen Stellen auch aus jeweils anderen Perspektiven beleuchtet. Ein Schwerpunkt der Ausarbeitungen zum Teamwork (Kapitel 4.1) bilden die Gesichtspunkte der gruppendynamischen Kommunikationsebene. Hingegen werden die Mechanismen der Datenebene in den Kapiteln über Dokumentenmanagement (Kapitel 3.4) vertieft.

Ebenenvermischungen

Die Unterscheidung dieser drei Kommunikationsebenen ist nur ungefähr. Im Einzelfall kann es auch schwierig werden, zu entscheiden, auf welcher Ebene man sich gerade bewegt. Darüber hinaus gibt es auch Vermischungen zwischen den Ebenen.

Mensch zu Mensch-Kommunikation zur Datenübermittlung

Es kommt häufig vor, dass sich Personen zu einem Meeting treffen, um mündlich Daten und Informationen auszutauschen, die sich eigentlich besser für die Übermittlung durch einen Rechner eignen würden. Meetings, deren Hauptzweck es ist, dass ein Mitarbeiter Zahlen und Fakten von einem Blatt vorliest, welche andere dann wieder notieren, sind ganz und gar nicht selten.

In diesem Fall vollzieht sich die Kommunikation, die eigentlich auf die Datenebene gehört, und sich mit Hilfe von Maschinenkommunikation einfach übermitteln ließe, auf „Mensch-zu-Mensch"-Niveau.

Austausch von Sachinformationen als Aufhänger für gruppendynamische Interaktion

Dies erscheint schon auf den ersten Blick widersinnig. Trotzdem muss die Intention beachtet werden, unter der ein solches Meeting einberufen wird. Häufig geht es den Initiatoren darum, dass sie im Grunde mehr wollen, als einfach nur Daten auszutauschen. Warum wird das Meeting dann aber nicht als das gestaltet, was es eigentlich ist, nämlich als eine Abstimmung auf der Sachebene? Hier sollten die Zahlen vorab per Mail verteilt werden, und die Zeit des Zusammenseins genutzt werden, diese zu kommentieren, zu analysieren, zu kritisieren oder zu loben.

Auf der anderen Seite gibt es auch jede Menge menschlicher Interaktion, die keiner unmittelbaren Kommunikationsnotwendigkeit entspringt. Wenn ein Projektleiter zum Jahresabschluss zum Sektempfang lädt und eine kleine Ansprache hält, so mag diese auch bestimmte Informationen enthalten, die an dieser Stelle von der oberen auf die untere Ebene weiter gegeben werden. Hauptziel dieser Veranstaltung ist jedoch die Verbesserung der atmosphärischen Bedingungen im Team. Positive Impulse sollen gesetzt und die Identifikation mit dem gemeinsamen Ziel gestärkt werden.

Kommunikationskanäle
Die Kanäle, auf denen diese Abstimmungen erfolgen, sind ebenfalls in Abb. 35 dargestellt:

- **Schriftliche Kommunikation** (Korrespondenz, heute meist Mailverkehr): Geringer Zeitverbrauch, gleichzeitige Dokumentationsfunktion, hoher Automatisierungsgrad, geringer zwischenmenschlicher Stellenwert
- **Persönliche Fernkommunikation** (Anruf, Telefonkonferenz, Videokonferenz): mittlerer Zeitverbrauch, mittlerer zwischenmenschlicher Stellenwert
- **Direkte persönliche Kommunikation /„Face to Face"** (Einzelgespräch, Meeting, Workshop, Konferenz): Hoher Zeitverbrauch, hoher zwischenmenschlicher Stellenwert.

Welcher dieser drei Kanäle im Einzelnen der richtige ist, um eine Kommunikation darzustellen, mag dahingestellt bleiben. Fest steht, dass jede einzelne Transaktion Zeit benötigt und zwar in unterschiedlichem Umfang, entsprechend der Wahl des Kommunikationskanals.

Am oberen Ende dieses Spektrums der Kommunikationskanäle (Direkte persönliche Kommunikation) ist die Informationsbandbreite gering, dies bedeutet, dass zur Übermittlung einer Botschaft mehr Zeit eingesetzt werden muss, als am unteren Ende.

Quantität und Qualität

Hingegen ist die Qualität der Übermittlung auf diesem Kanal am besten, in punkto Präzision und Übermittlungsintensität. Missverständnisse werden so weit wie möglich ausgeschaltet und der Erinnerungswert ist höher.

Am unteren Ende des Spektrums, bei der schriftlichen Kommunikation, sind sowohl Zeitverbrauch, wie auch Präzision und Qualität am geringsten.

Man kann also sagen, dass die **direkte persönliche Kommunikation** der Kanal für eine zeitaufwändige und intensive Kommunikation **(Qualität)**, und die **schriftliche Kommunikation** der Kanal für die Übermittlung großer Mengen an Informationen mit geringem Aufwand sind **(Quantität)**.

Es soll darauf hingewiesen werden, dass die schriftliche Kommunikation sehr nahe an der Kommunikation auf der Datenebene ist. Wird sehr viel Information mit langen Verteilerlisten herumgespamt, dann wird die Mehrzahl der Empfänger diese Mails nur ungelesen abspeichern, in der Erwartung, dass sich die relevanten Informationen bei Bedarf wieder zutage fördern lassen. Die „Mensch-zu-Mensch"-Kommunikation wird so zu einer „Rechner-zu-Rechner"-Kommunikation.

Direkte persönliche Kommunikation hat immer eine gruppendynamische Komponente

Am anderen Ende des Spektrums, bei der direkten persönlichen Kommunikation, ist es hingegen so, dass mit jeder Interaktion auf der Sachebene natürlich auch Wirkungen auf der gruppendynamischen Ebene erzielt werden. In geringerem Umfang gilt dies auch für die Fernkommunikation per Telefon / Videokonferenz.

Zeitdruck führt zu Fokussierung auf E-Mailverkehr

Unter hohem Zeitdruck und bei großem Kommunikationsbedarf auf der Sachebene wird normalerweise sehr stark auf die schriftliche Kommunikation per Mail ausgewichen. Bei geringerem Zeitdruck, beziehungsweise geringerem Kommunikationsbedarf, kann es sich ein Projektteam leisten, verstärkt höherwertige Kommunikationskanäle zu nutzen, wie zum Beispiel Telefon, und insbesondere die persönliche Begegnung in guter Atmosphäre und ohne übermäßigen Zeitdruck.

Projekte, in denen fast ausschließlich per E-Mail kommuniziert wird, gibt es erst seit einigen Jahren. Räumlich verteilte Ressourcen und die technischen Möglichkeiten haben diesen Projekttyp möglich gemacht. Eine extrem kurze Taktung, großer Zeitdruck und der Zwang breit angelegte Abstimmungen zwischen allen Ebenen des Projektes fahren zu müssen, haben die Verkürzung auf E-Mail-Kommunikation auch notwendig werden lassen.

Die Vielfalt der Abstimmungsprozesse wäre durch persönliche Kommunikation zeitlich gar nicht mehr zu schaffen.

Unpersönliche Kommunikationsformen verschlechtern Gruppendynamik

Eine aus diesen letzten Jahren erwachsene Erkenntnis ist jedoch auch die, dass Projekte, in denen unpersönliche Kommunikationsformen die Hauptrolle übernehmen, über kurz oder lang in sehr destruktive gruppendynamische Prozesse abgleiten können.

Es wird eine der Herausforderungen der Zukunft sein, intakte Teamstrukturen aufrecht zu erhalten, auch dort, wo der Kontakt zwischen den Teammitgliedern bedingt durch den technischen Fortschritt zunehmend anonymisiert wird.

Keine überflüssigen Kommunikationserfordernisse schaffen

Da es schwierig ist, andere Faktoren, wie zum Beispiel den Zeitdruck und die Komplexität der Projektaufgabe, die zu verarbeitende Informationsfülle, etc. zu beeinflussen, sollte aus der Sicht des Projektmanagements darauf geachtet werden, dass keine überflüssigen Kommunikationserfordernisse auf der Sachebene geschaffen werden.

Grundlage hierfür ist eine sauber aufgesetzte Projektorganisation, ein klarer und offener Führungsstil und die fachliche Eignung der Mitarbeiter, deren Motivation zu eigenverantwortlichem Arbeiten, und deren Bereitschaft, sich auch in vorgegebene Strukturen einzufügen.

Wo dies nicht der Fall ist, spricht man oft davon, dass sich eine Organisation soviel mit sich selbst beschäftigt, dass sie keine Zeit mehr für die Abarbeitung der eigentlichen Aufgaben hat.

Bei der Gestaltung des Kommunikationsmix zwischen den Kanälen Schriftliche Kommunikation / Fernkommunikation und Direkte Kommunikation sollte darauf geachtet werden, dass auch bei großem Zeitdruck eine gewisse Ausgewogenheit erhalten bleibt. Wie viel hochwertige Kommunikation erforderlich ist, um den Team Spirit hochzuhalten, hängt auch davon ab, wie stabil oder labil ein Projektteam ist. Ein wirklich eingespieltes Team kann es auch vertragen, über einen längeren Zeitraum nur per E-Mail zu kommunizieren, ohne dass die Stimmung sinkt.

Ausgewogener Kommunikationsmix

Trotzdem ist es bekannt und akzeptiert, dass gerade eine intensive und besonders eine positive Kommunikation auf der gruppendynamischen Ebene für den langfristigen Erfolg einer jeden Projektarbeit unverzichtbar ist.

Gruppendynamische Ebene erfolgsentscheidend

Allzu häufig wird diese Ebene jedoch sträflich vernachlässigt – und zwar in zunehmendem Maße.

Wie bereits ausgeführt, ist dieses Phänomen oftmals ein Ausfluss aus einer überhand nehmenden Projektkomplexität, verbunden mit der Notwendigkeit, zahlreiche und detaillierte Abstimmungen auf der Sachebene durchführen zu müssen. Dies alles muss innerhalb eines vorgegebenen Zeitrahmens erfolgen.

Überhand nehmende Projektkomplexität

Der Projektzeitrahmen lässt sich nicht unbedingt verändern. Somit ist das Zeitbudget, welches über die eigentliche Projektarbeit hinaus für interne Kommunikation zur Verfügung steht, begrenzt. Es wird daher die Forderung erhoben, die Interaktionsnotwendigkeiten auf der Sachebene so weit als möglich zu minimieren, sodass mehr Raum für einen hochwertigen Austausch auf der Persönlichkeitsebene bleibt.

Kommunikation auf der Sachebene ist **„Muss-Kommunikation"** Sie dient jedoch nicht der Teambildung (im Gegenteil, oftmals birgt sie reichlich Konfliktpotential)

Kommunikation auf der gruppendynamischen Ebene ist **„Kann-Kommunikation"**. Sie kann sich entwickeln, wenn genügend Zeit und das entsprechende Umfeld für persönliche Begegnung in Respekt und gegenseitiger Wertschätzung gegeben sind.

Um diese Forderung mit zwei praktischen Beispielen zu untermauern:

Fallbeispiel

Beispiel 1:
Im Projektplan ist die Aufgabenzuweisung und -abgrenzung zwischen einzelnen Teams nicht klar und eindeutig formuliert. Im Laufe der Projektarbeit hat man nun doch festgestellt, dass in Teilbereichen Doppelarbeit erfolgt und andere Aufgaben von keinem der Teams aufgegriffen werden.

Am Freitagnachmittag zwischen 16^{00} h und 18^{00} h wird ein Team-Meeting angesetzt, an dem die Aufgabenschnittstellen, Kompetenzen und Pflichten einzelner Teilprojektgruppen diskutiert werden sollen. Da sich bereits Besitzstände herausgebildet haben, ist es nicht einfach, zu einem Teamkonsens zu gelangen. Durch Intervention des Projektleiters kommt es am Schluss zu einer Einigung, trotzdem sind einige nicht wirklich mit der Regelung zufrieden.

Fallbeispiel

Beispiel 2:
Der Projektplan nimmt von vorn herein klar Stellung dazu, welches Team was zu leisten hat und setzt sich dabei vielleicht auch über Wünsche und Präferenzen einzelner hinweg. Konsequente Führung setzt diesen Plan auch praxisgerecht um. Am Freitag um 16^{00} h gibt es ein Wochenabschlussmeeting mit kurzem Statusbericht und informellem Austausch. Im Anschluss steht ein Open-End-Biergartenbesuch an.

Kommunikationsnotwendigkeiten minimieren

So widersprüchlich dies klingen mag, so ist es doch das Ziel, ein Projekt so aufzusetzen, dass die Kommunikationsnotwendigkeiten auf der Sachebene so gering wie möglich ausfallen. Auch wenn bereits an mehreren Stellen im Rahmen dieses Buches gesagt wurde, dass der Kommunikation insgesamt ein sehr hoher Stellenwert zukommt, so bleibt es doch dabei, dass ein sauber aufgesetztes Projekt sehr wenig Kommunikationsnotwendigkeiten auf der Sachebene auslösen wird.

Nun wird man mit Fug und Recht behaupten können: „Regelmäßige Kontaktaufnahmen verbessern das Projektklima und damit auch die Teamleistungsfähigkeit" – das ist auch vollkommen richtig. Es spricht nichts dagegen, bei einem Projektkollegen einen Besuch abzustatten, vielleicht einen allgemeinen Meinungsaustausch anzustoßen, Netzwerkpflege zu betreiben – und als Anlass für die Kontaktaufnahme ein Thema von der Sachebene zu nutzen. In diesem Fall handelt es sich aber eigentlich um eine Maßnahme zur Verbesserung von Projektzusammenhalt und Kollegialität, also einen gruppendynamischen Prozess.

Organisationsdefizite durch Kommunikation kompensiert

Wird in einem Projekt auf der Sachebene sehr viel kommuniziert, so ist das nicht immer ein gutes Zeichen. Häufig werden damit Defizite bei der Führung und insbesondere bei der Projektorganisation kompensiert. Wenn die Projektziele und die Projektmethodik von Anfang an unklar beschrieben oder umstritten sind, dann wird das Projekt von einer intensiven Kommunikationsaktivität auf der Sachebene begleitet sein.

Die Grundaussage lautet also:

- umso klarer das Ziel vor Augen steht
- umso vernünftiger die Projektorganisation gestaltet ist
- umso professioneller der Führungsstil
- umso besser die Qualifikation und Motivation der Projektmitarbeiter
- umso besser die Datentransparenz auf IT-Ebene

desto geringer wird der Kommunikationsbedarf für Weisung, Bericht und Abstimmung sein können.

Trotzdem soll die Kommunikation auch innerhalb des Projektteams nicht zu kurz kommen: Diese soll sich jedoch möglichst nicht in formalisierten Informationsprozessen erschöpfen, sondern sich zu einem möglichst großen Anteil in Formen vollziehen können, die einen hohen zwischenmenschlichen Stellenwert besitzen und in gruppendynamischer Hinsicht förderlich sind. Dazu gehören neben der Möglichkeit, jederzeit informelle Kontakte im Team zu pflegen (durch Einschränkung des Zeitdrucks), hierarchiefreie Workshops, kreative Austauschmöglichkeiten, Lob, Anerkennung, Teamreflektionen, etc.

Zeit für hochwertige Kommunikationsprozesse zur Verfügung stellen

Voraussetzung für eine gruppendynamisch förderliche Interaktion ist also die Beseitigung übermäßigen Zeitdrucks während der Projektmeetings. Es wird jedoch nicht empfohlen, den Zeitaufwand für diese Meetings unbeschränkt zu erhöhen, sondern im Gegenteil, den Themenplan so zu begrenzen, dass die Möglichkeit bestehen bleibt, dass wirklich jeder, der etwas beizutragen hat, auch wirklich zu Wort kommt, und darüber hinaus vielleicht auch Raum für den einen oder anderen humoristischen Einwurf bleibt.

Themenplan auf das Wesentliche beschränken

Gruppendynamische Prozesse verlaufen in einer zwanglosen Umgebung am schnellsten und konstruktivsten.

Projektmeetings, bei denen nicht genügend Zeit für eine ausführliche Begrüßung und Verabschiedung bleibt, können keine positive gruppendynamische Wirkung entfalten.

Smalltalk gehört dazu

Ein Meeting ohne Smalltalk ist nur ein halbes Meeting.

Wie die Kommunikation im Einzelnen erfolgt, ist noch die geringere Herausforderung.

Hier können jedoch einige grundlegende Empfehlungen gegeben werden:

Empfehlungen

Informationsüberflutung vermeiden:

Eine Beschränkung auf das wirklich Wesentliche ist sinnvoll. Unerhebliche Informationselemente sollten eliminiert oder zu relevanten Inhalten kondensiert werden.

Ständige Berieselung vermeiden:

Gebündelte Informationspakete, die in getakteter Form verteilt werden, sind wirkungsvoller als fortlaufende Einzelinformationen. Ein wöchentliches Projektmeeting ist besser als intermittierende Einzelgespräche zu Teilaspekten.

Taktung als Mittel der Projektmobilisierung:

Indem zum Beispiel ein „Jour fixe" etabliert wird, bekommt die Projektarbeit Rhythmus und wird im Normalfall von ganz alleine auch ein wenig beschleunigt.

Terminfindungsprobleme werden von vorne herein umgangen, indem ein bestimmter Slot beim kompletten Projektteam für die Teamsitzung reserviert bleibt.

Durch diese Maßnahme werden viele Transaktionen auf der Sachebene sinnvoll gebündelt und der Aufwand für Weisung, Bericht und Abstimmung wird minimiert.

4 Projektarbeitstechniken

4.1 Teamwork

4.1.1 Begriffsklärung

Der Begriff des Teamwork bedeutet ursprünglich nichts anderes als „Gruppenarbeit" und ist damit weitgehend wertfrei.

In weiten Kreisen der Bevölkerung werden jedoch verschiedene Konzepte in diesen Begriff hineininterpretiert. Im allgemeinen wird damit eine kollegiale, hierarchiefreie und gruppendynamisch wertvolle Zusammenarbeit assoziiert.

„Teamwork" weckt positive Assoziationen

Schließlich ist Teamarbeit auch ein bewährtes Mittel, um den Schulalltag interessanter und kooperativer zu gestalten. Durch Teamwork soll die Kreativität von Mitarbeitern und deren Arbeitszufriedenheit gesteigert werden. Konflikte sollen so abgebaut und verkrustete Strukturen aufgebrochen werden.

In der Wahrnehmung mancher Befürworter hierarchiefreier Arbeit ist Teamwork eine Art Allheilmittel gegen Arbeitsfrust und Lustlosigkeit, ja geradezu eine therapeutische Maßnahme.

Unbewusst geht damit oftmals die Erwartung einher, dass es im Teamwork auch keine starre Rollenverteilung geben darf. Vielmehr wird antizipiert, dass alle Aufgaben gemeinschaftlich angegangen und alle Entscheidungen in gemeinschaftlicher Diskussion und Konsensfindung getroffen werden.

Hohe Erwartungshaltung an Teamwork

Das Konzept von Teamarbeit als endlose Diskussionsrunde mag den Bedürfnissen Einzelner entgegen kommen. Selten findet sich jedoch ein Auftraggeber, der bereit ist, langwierige Teamfindungsprozesse zu finanzieren.

Im Rahmen dieses Buches wird Teamwork nicht im therapeutischen Sinn verstanden. Anstatt dessen soll hier der Fokus auf der zielorientierten und wirtschaftlich effizienten Arbeit im Team liegen. Da ist es durchaus erlaubt, innerhalb eines Teams eine sinnvolle Rollenverteilung vorzunehmen und die Aufgaben selbst so zu portionieren, dass es möglich wird, diese gleichzeitig und durch verschiedene Teammitglieder abarbeiten zu lassen. Auch der Hierarchiegedanke ist nicht a priori ein teamfeindliches Konzept.

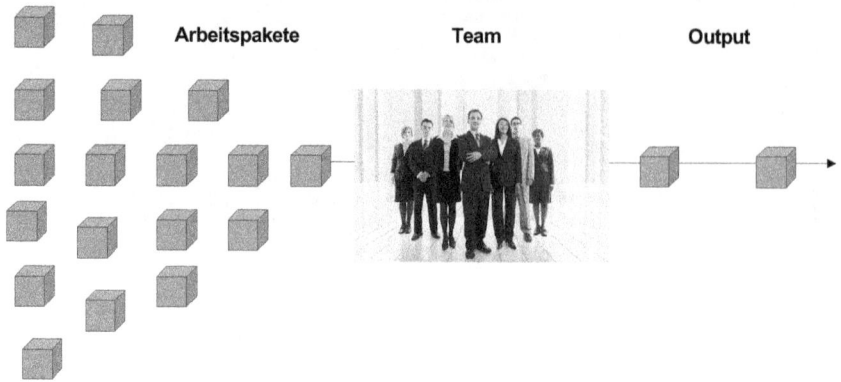

Abb. 37: Teamarbeit ohne Rollenverteilung / Aufgabensegementierung

Hierarchiefreiheit kann sinnvoll sein

Im Einzelfall kann es durchaus sinnvoll sein, ein ganzes Team hierarchiefrei und ohne Rollenzuweisung an einer Aufgabe arbeiten zu lassen. Die beste Lösung wird dann durch den Austausch von Argumenten und Ansichten gefunden und – idealerweise – am Schluss ein Konsens im Team erreicht.

Gleichzeitig damit können die verschiedenen gruppendynamischen Prozesse ablaufen, die die Teambildung befördern.

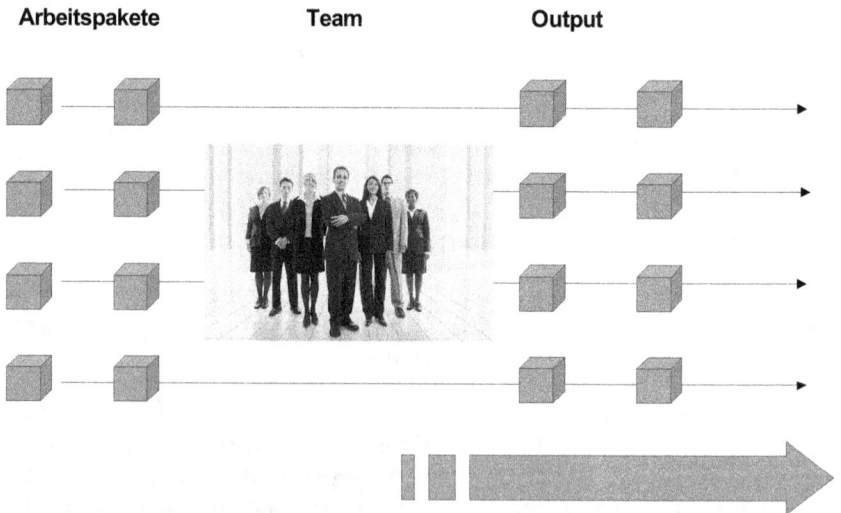

Abb. 38: Teamarbeit mit Rollenverteilung /Aufgabensegementierung

Andererseits muss aber auch gesagt werden, dass für die überwiegende Mehr-   Teamrollenverteilung
zahl der Projekte eine andere Art von Teamwork zur Anwendung kommt.

Der Vorteil einer klaren Rollenzuweisung und Aufgabendifferenzierung liegt   Arbeitsteilung bringt
in einer erheblich beschleunigten Arbeitsgeschwindigkeit bei nahezu gleich   höhere Effizienz
bleibender Abarbeitungsqualität, häufig auch verbunden mit verminderten Frik-
tionen zwischen den Teammitgliedern.

4.1.2   Zuweisung von Teamrollen

Teamwork wird in den meisten Unternehmen groß geschrieben. Beratungsunternehmen kommen ohne teamfähige Mitarbeiter nicht aus. Selbst Einzel-
berater sollten bei allem Individualismus ein gewisses Maß an Teamfähig-
keit mitbringen, da sie sich in ständig wechselnden Arbeitsgruppen wieder
finden.

Teamwork ist immer dann ein Muss, wenn verschiedene Disziplinen, Fähig-   Lösung für inter-
keiten oder Kompetenzen zusammenkommen müssen, um ein Problem zu   disziplinäre Aufgaben
lösen. Hinzu kommt, dass Teamarbeit den meisten Menschen auch mehr
Spaß macht, als Einzelarbeit oder die Arbeit in einer übermäßig rigiden Struktur.

Trotzdem birgt das so genannte „Teamwork" erhebliche Tücken. Dies sei an
folgendem Beispiel erläutert:

Ein Berater kommt im Wege des Bodyleasing in ein Unternehmen und wird   **Fallbeispiel**
dort von der HR-Abteilung auf eine ganz bestimmte Aufgabe in Bezug auf
die Applikationslandschaft des Unternehmens gebrieft. Im Termindruck
passiert das Briefing prägnant und informell. Es werden ihm weitere Mitarbeiter genannt, die „in seiner Projektgruppe" seien und die mit ihm „zusammenarbeiten" sollen. Er kontaktiert diese eigenständig und nimmt die
Projektarbeit in Form eines Workshops auf.

Die Rollenverteilung bei diesem Workshop gestaltet sich dergestalt, dass
alle Teilnehmer ganz vehement Meinungen zu dem Thema vertreten und
hoch qualifizierte fachliche Inputs liefern. Einer der Teilnehmer, der IT/IS
Manager des Bereiches, tritt sehr dominant auf und bestimmt den Verlauf
ganz entscheidend. Die weitere Vorgehensweise wird von ihm weitgehend
aufdiktiert.

Der Berater versteht diese Situation so, dass der IS/IT Manager der Fach-
vorgesetzte, und damit informeller Projektleiter ist und nimmt in der Zeit
nach dem Workshop seinen Part innerhalb des Aufgabenpaketes wahr, wie
es an dem Workshop besprochen wurde.

Alsbald wird jedoch deutlich, dass keines der übrigen Projektgruppenmitglieder auch nur irgendeinen Handschlag an der gestellten Aufgabe macht. Erst jetzt stellt sich heraus, dass der so bestimmend auftretende IS/IT Manager für keines der anderen Projektgruppenmitglieder disziplinarischer Vorgesetzter ist, und diese dementsprechend seine wie Weisungen vorgetragenen Handlungsvorschläge auch ignorieren.

Die anderen Projektgruppenmitglieder waren ebenfalls ganz informell ohne jedes Briefing zu Mitgliedern der Projektgruppe ernannt worden, und hatten diese Ernennung ausnahmslos so verstanden, als haben sie an den Projektmeetings teilzunehmen und lediglich ihren fachlichen Input, sprich die hochwohlfeile Meinung abzugeben. Die eigentliche Arbeit, so ihr Verständnis hätte von dem Berater gemacht werden sollen. Die Intention des Projektgruppeninitiators hingegen, wie sich später herausstellte, war die, dass der Berater alle anderen, nämlich die internen Projektgruppenmitglieder zu dem definierten Projektziel hin steuert und das Vorhaben auch vorantreibt.

Es erübrigt sich zu erwähnen, dass dieses Ziel in der hier vorzufindenden Projektkonstellation nicht zu erreichen war. Zu schlampig war das Projekt aufgesetzt und zu unklar waren die Rollen und Verantwortlichkeiten festgelegt worden.

Stimmige Rollen-zuweisung entscheidend

Dieses charakteristische Beispiel aus der Unternehmenswirklichkeit soll unser Augenmerk auf eine wichtige, wenn nicht sogar die wichtigste Erfolgsvoraussetzung für Teamwork richten: Die Rollenzuweisung muss in sich stimmig und vor allen Dingen auch allen Beteiligten klar sein. Hier müssen unmissverständliche Worte gesprochen werden, in Bezug darauf, wer was zu leisten hat. Darüber hinaus müssen die Eckpunkte der Rollenzuweisung auch in irgendeiner geeigneten Form dokumentiert sein.

Als organisatorisches Hilfsmittel kann eine so genannte Verantwortungs-Matrix (Responsibility-Matrix) dienen.

Hier werden allen Projektmitarbeitern in Bezug auf bestimmte Funktionen und Arbeitspakete genau definierte Teamrollen zugewiesen.

Das Rollenspektrum könnte folgende Definitionen umfassen:

X	(**E**xecution)	Führt die Arbeit aus
D	(**D**ecision)	Entscheidet allein oder endgültig
d	(**D**ecision)	Entscheidet vorläufig oder zusammen mit anderen
P	(**P**rogress)	Überwacht den Fortschritt
T	(**T**uition)	Agiert als Coach / Trainer
C	(**C**onsulted)	Muss konsultiert werden
I	(**I**nformed)	Muss informiert werden
A	(**A**vailable)	Zur Unterstützung verfügbar

Soll in einem Projekt ganz bewusst auf eine Hierarchie oder Rollendefinition verzichtet werden, so kann auch das eine sinnvolle Teamarbeit sein. In diesem Fall ist der Projektverlauf und damit auch der Arbeitsplan jeder Teamsitzung einer anderen Struktur zu unterstellen, die jedem Teammitglied relativ genau sagt, was er zum Erreichen des gemeinsamen Zieles beizusteuern hat. Hier handelt es sich dann um strukturierte Teamarbeit, die ohne Teamleitung und Hierarchie auskommt. Das Team wird jedoch zu Beginn der Arbeit „aufgegleist" und folgt einer vordefinierten Systematik.

Strukturierte Arbeit als Alternative zur Hierarchie

Was nicht sein darf, ist dass sich eine Team ohne Rollenverteilung und ohne Arbeitsstrukturierung hin zu einer reinen Debattierrunde entwickelt, bei der am Schluss zwar jeder etwas Kluges gesagt hat, aber kein Arbeitsergebnis zu verzeichnen ist.

4.1.3 Arbeitsziel

Für jedes Meeting, und erst recht für jeden Workshop, sollte von Anfang an (also noch vor der Festlegung des Teilnehmerkreises) feststehen, wohin es führen soll, respektive, worin das konkrete Arbeitsergebnis bestehen soll. Selbstverständlich kann das Ergebnis schon in der Beilegung einer Meinungsverschiedenheit oder in der Weitergabe von bestimmten Informationen liegen.

Konkretes Ergebnis fordern

Meist jedoch wird als Ergebnis die Fertigstellung eines gemeinsam zu erarbeitenden Dokumentes erwartet. Das Wort „Dokument" ist hier bewusst gewählt. Abstraktere Begriffe, wie zum Beispiel „Konzept" reichen nicht aus. Nur durch die Schriftform wird das Konzept zum dokumentierten Ergebnis, auf welches man sich später noch beziehen und auf welches man aufbauen kann.

Die vermeintlich zweitbeste Lösung, nämlich die, dass sich jeder Teilnehmer einer Sitzung selbst seine Aufzeichnungen macht, und diese mit nach Hause nimmt, ist bei näherem Hinsehen überhaupt keine Lösung. In der Regel weichen die individuellen Protokolle voneinander ab und niemand kann überprüfen, ob wirklich ein Konsens zustande gekommen ist.

Am besten ist immer die gemeinsame Arbeit an einem einzigen Dokument. Dies kann auch ein Simultanprotokoll sein. Jeder soll sehen können, was geschrieben wird, und das Ergebnis möglichst gleich anschließend in Form eines Sitzungsprotokolls auf seinem Rechner haben.

Gemeinsames Protokoll unumgänglich

4.1.4 Zeitbudget

Immer wieder hat man es mit Zeitgenossen zu tun, die sich nicht an den Umstand gewöhnen können, dass ein Tag nur 24 Stunden hat und daher bestimmte Zeitvorgaben, auch für eine Teamwork-Session, einzuhalten sind.

Operationalisierung schafft Handlungszwang

Ein einziger solcher Vertreter kann unbeabsichtigt die Arbeit eines ganzen Teams unterlaufen. Die Gefahr liegt darin, dass die Session zu Ende ist, ohne dass das gesetzte Ziel, oder auch nur ein Teilziel, welches sich dokumentieren und fassen ließe, erreicht ist. Damit ist die ganze Session verloren, ein neuer Termin muss vereinbart werden.

Abhilfe schafft hier nur eine Methode, die so genannte „Operationalisierung".

Diese funktioniert ganz einfach:

Die Tagesordnung umfasst 6 (mehr oder weniger aufwändige) Punkte, das Zeitbudget umfasst 2 Stunden. Jetzt wird eine zeitstrukturierte Tagesordnung formuliert, die beispielsweise folgendermaßen aussieht:

Fallbeispiel

9^{00} h bis	9^{20} h	TOP 1: Follow-Up Action Items letztes Meeting
9^{20} h bis	9^{40} h	TOP 2: Präsentation Quartalszahlen
9^{40} h bis	10^{00} h	TOP 3: Revision Zielstellung
10^{00} h bis	10^{20} h	TOP 4: Ressourcenplanung
10^{20} h bis	10^{40} h	TOP 5: Entscheidung Trainingsplan
10^{40} h bis	11^{00} h	TOP 6: Fortschrittsbericht Akquisitionsprozess

Time-Keeping-
Verantwortlicher

Dies ist eine heilsame Zwangsmaßnahme. Sollten weiterhin Probleme mit der Zeiteinhaltung bestehen, so ist ein „Timekeeping-Verantwortlicher" zu benennen, also jemand, der nicht unbedingt die inhaltliche Diskussion dominiert, aber kraft Autorität seiner Armbanduhr gnadenlos jeden Tagesordnungspunkt zum Abschluss bringt.

Die Tiefe, mit der jeder einzelne Punkt dann behandelt werden kann, ergibt sich aus dem jeweils für die Bearbeitung zur Verfügung stehenden Zeitraum.

Tagesordnung soll
sichtbar bleiben

Es erweist sich als hilfreich, wenn die Tagesordnung mit Zeitplan nicht nur am Anfang, etwa in einer Beamerpräsentation gezeigt wird, sondern während der gesamten Veranstaltung präsent ist, beispielsweise in groß und für alle lesbar an einer Seitenwand des Sitzungsraumes befestigt ist, oder aber als Din A4 Blatt auf jedem Tisch liegt.

Noch ein Hinweis: Tagesordnungen, die sich nicht an Uhrzeiten orientieren, sondern lediglich das für jeden Punkten vorgesehene Zeitbudget angeben, erweisen sich fast immer als wirkungslos.

Themenspeicher, damit es
weitergehen kann

Noch offene Fragen, die im Moment nicht lösbar sind oder den Zeitrahmen sprengen würden, werden in einen so genannten „Themenspeicher" geschoben und zu einem späteren Zeitpunkt abgearbeitet. Der Themenspeicher kann mit einfachen Mitteln implementiert werden. Es genügt ein an die Wand gepinntes Flipchartpapier.

4.2   Schnellstarttechniken (Projektpenetration)

Der größte Nachteil eines Beraters gegenüber einem fest angestellten Mitarbeiter ist der Umstand, dass er sich vor Beginn seines produktiven Wirkens in vielfacher Hinsicht in seine jeweilige Projektaufgabe hineinfinden muss. Diese „Warmlaufphase" ist genauso honorarpflichtig wie die eigentliche Projektarbeit und beaufschlagt die von dem Beratungsprojekt tangierten Mitarbeiter zusätzlich.

Honorarpflichtige „Warmlaufphase"

Erfahrene Berater haben daher Techniken und Methoden entwickelt, wie sie diese Warmlaufphase so weit als möglich abkürzen, und innerhalb einer vernünftigen Zeit zu einem kompetenten Gesprächspartner für die internen Projektbeteiligten werden können.

Diese Methoden sind in gleicher Weise für Projektleiter von großer Bedeutung, weil auch sie darauf angewiesen sind, sich innerhalb kurzer Zeit in die Projektaufgabe, und oft auch in ein neues Umfeld, hineinzufinden.

Die Fähigkeit der Projektpenetration ist vielleicht eines der wichtigsten Auswahlkriterien bei der Selektion neuer Berater. Es stimmt zwar, dass andere Beratereigenschaften auf lange Sicht vielleicht noch größere Auswirkungen auf den Projekterfolg haben. Wenn jedoch keine ausreichende Penetrationsfähigkeit vorhanden ist, dann ist es schwierig, einem Projektteam den erforderlichen Schwung zu verleihen.

Für die Auftraggeberseite empfiehlt sich also, bei der Neuauswahl von Beratern und Projektleitern an erster Stelle, und dies ist nicht nur in zeitlicher Hinsicht gemeint, darauf zu achten, dass diese über eine ausreichende Penetrationsfähigkeit verfügen.

Eine hohe Penetrationsfähigkeit äußert sich wie folgt:

Der Berater / Projektleiter hat ein hohes Maß an Initiative, Zielgerichtetheit, Selbstkontrolle, Neugier, Interesse, Merkvermögen und Beobachtungsgabe. Gleichzeitig bringt er die erforderlichen sozialen Kompetenzen, Spontaneität und Kontaktfreude mit.

Er erlernt das Projektumfeld nach einer erprobten Methode.

Projektumfeld „erlernen"

Beispielsweise kann noch folgender schematischer Reihenfolge vorgegangen werden:

- Wer ist das Kundenunternehmen?
- Wer sind die Auftraggeber (Personen)?
- Welches ist die Zielstellung, die der Auftraggeber mit der Durchführung des Projektes verfolgt? (mittelbar und unmittelbar?)

- Welches sind die Erwartungen und Wünsche des Kunden an die Projektdurchführung?
- Welches ist der Antrieb für die Projektdurchführung?
- Welches sind die Projektbeteiligten? (Stakeholders, Projektressourcen, Know-how Ressourcen, Schlüsselpersonen, Förderer und Hinderer)
- Welches sind die organisatorischen Rahmenbedingungen?
- Welches sind die kulturellen Gepflogenheiten des organisatorischen Umfelds?
- Welches sind der Arbeitsplan und die Meilensteine?
- Welches sind Gefahren und Risikofaktoren?

Schnellstarteigenschaft ermöglicht frühen Einstieg in die produktive Phase

Für den Auftraggeber hat die Schnellstarteigenschaft des Beraters / Projektleiters zur Folge, dass das Projekt früh in eine produktive Phase übergeht. Gleichzeitig erhält das Projekt dadurch (hoffentlich) den nötigen Schwung, der auch andere Projektbeteiligte mitreißt.

Für die internen Ansprechpartner des Beraters / Projektleiters hat dies die positive Nebenwirkung, dass sie nicht übermäßig viel Zeit damit verbringen müssen, diesen „schlau zu machen".

Wie lassen sich die Schnellstarteigenschaft eines Beraters / Projektleiters testen?

Hier gibt es natürlich verschiedene Ansätze. Eine denkbare Vorgehensweise ist folgende:

Der Berater / Projektleiter erhält Gelegenheit, sich einige Tage lang im (künftigen) Projektumfeld zu beweisen. Sinnvollerweise formuliert man dazu eine passende Voranalyseaufgabe.

Am Ende dieser Voranalyse gibt es einen Berichtstermin unter vier Augen, an dem der Berater / Projektleiter dem Auftraggeber seine Eindrücke präsentiert.

Je nach Komplexität der Aufgabenstellung wird der Berater / Projektleiter zu diesem Zeitpunkt unmöglich eine fundierte Meinung oder gar Vorgehensvorschläge abgeben können.

Dennoch bekommt er Gelegenheit, dazu Stellung zu nehmen.

Den ersten Teil des Berichtstermins gestaltet der Berater / Projektleiter selbst. Er wird erkennen lassen, wie viel er von seinem Umfeld verstanden hat, wie genau er sich an den Analyseauftrag gehalten hat, wie kreativ er das Gesehene vielleicht auch schon in Konzepte umsetzen kann.

Besonders interessant ist an diesem Vortragsteil die Frage, wie exakt der Berater / Projektleiter Fakten von Vermutungen trennt, bzw. ob er in der Lage ist, in einer Situation des „noch nicht Wissens" oder des „nur zum Teil Wissens", sich auf gesicherte Erkenntnisse zurückzuziehen, oder ob er bei dem Versuch möglichst großes Verständnis zu beweisen, in oberflächliche Faselei abgleitet.

Hat sich der Berater / Projektmanager dargestellt, ist es jetzt die Aufgabe des Auftraggebers nachzubohren, und den Berater / Projektmanager eventuell noch weiter aus der Reserve zu locken.

Zwei Techniken lassen sich hier anwenden:

Erste Technik:
Einzelne Standpunkte hinterfragen und dagegen argumentieren. Beharrt der Berater / Projektleiter auf dem eingenommenen Standpunkt? Wenn ja, aus Überzeugung oder aus Angst das Gesicht zu verlieren? Oder fällt er sofort um und widerruft seinen Standpunkt?

Zweite Technik:
Dem Berater / Projektleiter im Vier-Augen-Gespräch die Möglichkeit geben, sich über seine Einschätzung über die bisher kontaktierten Personen auszulassen.

Hier ist wichtig:

- Wie viele Personen hat er kontaktiert und welche?
- Kann er sich an Namen, Aufgabenbereiche und Funktionen erinnern?
- Wie gut hat er das organisatorische Umfeld erfasst?
- Hat er verstanden, welche Bereiche, Funktionen und Personen er in das Projekt auf welche Weise einbinden muss?
- Wie konkret kann er Gesprächsergebnisse wiedergeben?
- Hat er ein Gefühl dafür bekommen, wer ein Projektförderer und wer ein Projekthinderer sein kann?
- Hat er informelle soziale Strukturen erkannt, weiß er wer mit wem gut zusammenarbeitet beziehungsweise wer mit wem nicht kann?

Mit anderen Worten also: Wie gut hat der Berater / Projektleiter in der kurzen Zeit die Organisation penetriert?

Ein Berater / Projektleiter, der am ersten Tag 10 % dessen gelernt hat, was er wissen muss um mitreden zu können, braucht trotzdem noch 9 weitere Tage bis zum Produktiveinsatz. Einer der jedoch nur 5 % mitbekommen hat, braucht noch weitere 19 Tage, und die Wahrscheinlichkeit, dass er auch in der Produktivphase nicht wirklich effektiv arbeitet, ist relativ hoch.

4.3 Präsentationstechnik und Visualisierung

4.3.1 Präsentationstypen

Präsentationstechnik ist eine der Kerndisziplinen des Beratungsgeschäftes. Die Versuchung ist daher groß, einem jeglichen Projektleiter zu empfehlen, sich an den Standards der Beratungsbranche zu orientieren.

Kerndisziplin des Beratungsgeschäftes

Hingegen muss berücksichtigt werden, dass in diesem Punkt die Praxis eines typischen Projektleiters oft vollkommen anders aussieht, als die eines Beraters. Klassische „Verkaufspräsentationen" sind für Projektleiter eher selten. Natürlich ist es immer notwendig, eine gewisse Überzeugungskraft zu entfalten. Oftmals steht jedoch für den internen Projektleiter der Gesichtspunkt der Informationsvermittlung und der didaktischen Klarheit im Vordergrund.

Aus diesem Grunde soll an dieser Stelle eine Unterscheidung getroffen werden zwischen der klassischen Verkaufs- / Überzeugungspräsentation und einer Informationsveranstaltung, wie sie für die interne Projektarbeit typisch ist. Diese soll im Weiteren „Informationspräsentation" genannt werden.

Präsentation als Visitenkarte

Für einen Berater wird eine möglichst perfekte Präsentation meist als **die** Visitenkarte des Beratungsunternehmens angesehen. Dementsprechend wird für die Vorbereitung und insbesondere die Gestaltung des so genannten „Slidedecks" oftmals sehr viel Zeit aufgewendet. Dahinter steckt die Erwartung, über professionell gestaltete Unterlagen die Zuhörerschaft zu beeindrucken und den Verkaufsprozess zu erleichtern.

Auch wenn diese Erwartung zumindest früher, als die Kundenseite noch nicht genauso professionell mit MS PowerPoint umgehen konnte wie die Beraterseite, vielleicht einmal berechtigt war, so ist es nicht unbedingt empfehlenswert, dass der Projektleiter sich an diesen Techniken ein Vorbild nimmt. Natürlich muss auch er überzeugen. Neben dem Effekt kommt jedoch dem Inhalt eine mindestens genauso große Bedeutung zu.

Kriterien	Typische Verkaufs- / Überzeugungspräsentation (überspitzte Darstellung)	Typische projektinterne Präsentation
Vorrangiges Ziel der Veranstaltung	Der Adressatenkreis soll beeindruckt / überwältigt werden.	Der Adressatenkreis soll klar und sachlich informiert werden.
Schwerpunktsetzung	Form ist wichtiger als Inhalt	Inhalt ist wichtiger als Form
Fokus des Präsentators	Der Präsentator fragt sich: „Welche Botschaften möchte ich vermitteln?"	Der Präsentator fragt sich: „Welche Erwartungshaltung haben meine Zuhörer?"
Zeitökonomie / Planungsfokus	Alle Aussagen werden mit zahlreichen Beispielen unterlegt, um die Glaubwürdigkeit zu untermauern Die Priorität liegt auf dem Wachhalten der Aufmerksamkeit	Alle Inhalte werden so klar und so knapp wie möglich präsentiert Die Priorität liegt auf dem sparsamen Umgang mit Arbeitszeit
Wiederholungen	Wiederholungen sind zulässig, sie erhöhen den Erinnerungswert	Wiederholungen werden vermieden
Interaktivität	Die Präsentation wird so gestaltet, dass die Zuhörer idealerweise keine Fragen mehr haben. Der Ablauf der Präsentation ist rigide	Die Zuhörer werden aktiv in das Geschehen eingebunden und erhalten die Möglichkeit, auf den weiteren Verlauf der Präsentation Einfluss zu nehmen

Abb. 39: Präsentationstypologie

4.3.2 Erstellung der Präsentationsunterlage für eine Überzeugungspräsentation

Während für eine Informationspräsentation die gründliche Planung des Ablaufs eine größere Bedeutung hat, wird für eine wirkungsvolle Überzeugungspräsentation die professionelle Erstellung der Präsentationsunterlage als entscheidend angesehen.

Aus diesem Grund soll der Arbeitsschritt der Ausarbeitung der Präsentationsunterlagen am Beispiel der Überzeugungspräsentation dargestellt werden. Die Planung des Ablaufs wird dann später am Beispiel der Informationspräsentation dargestellt.

Es muss Wert gelegt werden auf die genaue Unterscheidung zwischen

- „Präsentation", also der Veranstaltung, und
- „Präsentationsunterlagen" also den Visualisierungshilfsmitteln.

Landläufig wird das Wort „Präsentation" ja oftmals für das Slidedeck selbst benutzt, und man gewinnt den Eindruck, dass der feine Unterschied zwischen der Erstellung der Unterlagen und der Durchführung der Präsentation sich verwischt, bzw. manche Präsentatoren das Gefühl haben, sie hätten die Präsentation bereits erfolgreich durchgeführt, nachdem sie ein 12 Megabyte PowerPoint erstellt haben.

Im Kontext dieses Buches ist die Präsentation der Vortrag vor dem Adressatenkreis. Nur dieser ist letztendlich erfolgsentscheidend. Die Visualisierungshilfsmittel leisten hierzu ihren mehr oder weniger bedeutenden Beitrag.

Die für den Vortrag benutzten Visualisierungen sollen die Rede des Präsentators unterstützen und das Vorstellungsvermögen der Adressaten nutzen, um Zusammenhänge plastischer darstellen zu können.

Die Visualisierungen sind **nicht der Vortragsleitfaden** für den Präsentator.

Wenn ein Redner seinen Vortrag mehr oder weniger von den präsentierten Folien abliest, weil er es nicht für nötig hielt, diesen vorab einzustudieren, so ist dies für die Zuhörer äußerst ermüdend und sie werden sich fragen, warum man es nicht ihnen selbst überlässt, den Inhalt von den Folien abzulesen.

Ablesen ist schlechter Stil

Zulässig ist es hingegen, wenn der Vortragende sich ein Stichwortkonzept vorbereitet, welches er während der Präsentation als Gedächtnisstütze benutzt.

Ebenso sind die Visualisierungsunterlagen auch **nicht der Ablaufplan** der Veranstaltung:

Auch wenn ein grober Zeitplan sich vielleicht in der Präsentationsunterlage befindet, heißt es nicht, dass die ganze Veranstaltung nach dem PowerPoint getaktet sein muss. Es darf nicht vergessen werden, dass eine Präsentation eine

Veranstaltung mit verschiedenen Teilnehmern / Akteuren ist. Jeder dieser Akteure mag vielleicht andere persönliche Bedürfnisse und Erwartungen in Bezug auf die Veranstaltung haben. Die Vortragsunterlage ist lediglich ein Hilfsmittel, nicht mehr und nicht weniger.

Dies bedeutet nicht, dass es keine Planung für den Ablauf der Veranstaltung „Präsentation" geben darf – im Gegenteil. Natürlich muss der Präsentator eine Dramaturgie (Manchmal wird sie auch als Storyboard bezeichnet) vorbereitet haben. Mit ihr plant und strukturiert er den Informations- / Überzeugungsprozess. Diese Planung gehört jedoch nicht auf den Beamer. Es genügt, wenn der Präsentator, bzw. die Präsentatoren oder andere Akteure, sich darauf eingeschworen haben.

Dabei ist es durchaus zulässig,

- innerhalb der Präsentation vor- und zurückzuspringen
- zwischendurch auch andere Dokumente zu zeigen
- innerhalb der Beamerpräsentation im mündlichen Vortrag kurz abzuschweifen (zum Beispiel um eine Anektode einzuflechten)
- von Beamerpräsentation auf Flipchart, Pinwand oder andere Medien umzuschalten.
- ein Gruppenfeedback einzuholen
- etc.

Die Dramaturgie der Veranstaltung „Präsentation" ist also nicht an die Abfolge der vorbereiteten Slides geknüpft.

Auch hängt es hier ein wenig von den Fähigkeiten des Präsentators ab, wie das Storyboard aufgebaut wird. Nicht jeder kann während des fließenden Vortrags auch sauber Flipcharts beschriften. Nicht jeder ist ein mitreißender Anekdotenerzähler.

Die nachfolgend aufgezeigte Vorgehensweise ist für die Erstellung einer Verkaufs- / Überzeugungspräsentationsunterlage empfohlen (s. Abbildung 40).

Dreh- und Angelpunkt ist Zuhörerinteresse

Ausgangspunkt der inhaltlichen Planung für eine jede Präsentation – auch einer Überzeugungspräsentation – sollte die Frage sein:

„Was wollen meine Zuhörer hören?"

und nicht etwa

„Wie kann ich meine Kompetenzen und mein Fachwissen am besten unter Beweis stellen?"

Dieser Punkt wird in der Praxis zwar des öfteren vernachlässigt, ist aber dennoch entscheidend für den Erfolg des Unternehmens „Präsentation".

Erwartungen der Adressaten

Es ist also wichtig, sich Klarheit darüber zu verschaffen, wer die Adressaten der Präsentation sein werden, wie ihr Wissenstand ist, wo ihre Erwartungen liegen und welche Interessen sie verfolgen.

Schritte zur Planung der Präsentationsunterlage

1. Wie lange soll die Veranstaltung dauern?
2. Wie ist die Dramaturgie, d.h. welche Programmpunkte sind einzuplanen:
   - ➢ Vorstellungsrunde?
   - ➢ Networking-Pausen?
   - ➢ Diskussion / Feedback / Entscheidungsfindung?
3. Wie viel Zeit bleibt für die Präsentation selbst?
4. Werden ad hoc Fragen entgegen genommen?
5. Planung der Anzahl der Folien insgesamt. (Wenn keine ad hoc Fragen zugelassen werden sollen, maximal eine Folie pro Minute)
6. Inhaltliche Planung der Präsentation (Gliederung)
7. Aufteilung der Gesamtzahl an Folien auf die Einzelthemen
8. Ausgestaltung der einzelnen Folien
9. Prüfung auf Lesbarkeit, Ausgewogenheit, Widerspruchsfreiheit und Reihenfolge
10. Planung der Überleitungen von einer Folie zur anderen
11. Schlussredaktion

Abb. 40: Schritte zur Planung der Präsentationsunterlage

Auf dieser Basis muss noch einmal kritisch überprüft werden, ob die Informationsbasis überhaupt ausreicht, um die Erwartungen des Adressatenkreises zu befriedigen. Es ist also wichtig, sich nicht gleich in die Phase der Visualisierung zu stürzen, sondern sich noch ein letztes Mal kritisch mit der Frage der

Überprüfung des Inhalts

**Merkpunkte für die Erstellung
einer guten Präsentationsunterlage**

- ➢ Einheitliches Layout
- ➢ Ausreichende Schriftgrösse
- ➢ Visuelle Elemente sollen Vorrang haben
- ➢ Mit Text sehr sparsam umgehen
- ➢ Den zu sprechenden Text nicht vorweg nehmen
- ➢ Textdarstellung in Stichworten oder in kurzen knappen Sätzen
- ➢ Maximal vier, besser drei Punkte pro Folie
- ➢ Sukzessiver Bildaufbau zulässig, aber sparsam mit Animationen

Abb. 41: Merkpunkte für die Erstellung einer guten Präsentationsunterlage

inhaltlichen Substanz zu beschäftigen. Dies gilt auch für eine Überzeugungspräsentation. Beispielsweise müssen hier folgende Fragen gestellt werden:

„Welche Referenzprojekte könnten für diesen ganz speziellen Kunden interessant sein?"

oder

„Welches für den zur Debatte stehenden Projektansatz relevante Wissen muss noch beschafft werden?"

Erst danach kann mit der Planung der eigentlichen Präsentation begonnen werden.

4.3.3   Planung einer Informationspräsentation

Keine vorgefertigten Konzepte

Im Gegensatz zu einer Überzeugungspräsentation, bei der es im Wesentlichen darauf ankommt, die Zuhörer von einem vorgefertigten Konzept zu überzeugen, bzw. eine Sache zu „verkaufen", kommt im Alltag von Projektarbeitern auch des öfteren die so genannte „Informationspräsentation" vor. Diese unterscheidet sich erheblich von einer Überzeugungspräsentation.

Klarheit zählt

Es geht in ihr an vorderster Stelle um die Information der Zuhörerschaft, und zwar in aller Offenheit und Klarheit. Der Zuhörer wird als mündige Person angesehen, der natürlich das Recht hat, auf den weiteren Verlauf der Präsentation Einfluss zu nehmen, bestimmte Dinge zu vertiefen und andere zu überspringen.

Die nun folgenden Ausführungen beziehen sich auf diese Form der Präsentation, also solche ohne ausgeprägten Verkaufs- oder Überzeugungscharakter.

Je nach eingenommener Rolle ändern sich dabei die Anforderungen an den Präsentator / Moderator. Es gibt Zusammenkünfte, die den Charakter eines informellen Meetings tragen. Wenn die Zusammenkunft jedoch Ergebnisse ergeben soll, dann wird es erforderlich, dass eine gemeinsame Visualisierung des Besprochenen erfolgt. Geschieht dies nicht, so endet das Gespräch unverbindlich. Auch wenn es vielleicht mündliche Vereinbarungen gegeben hat, so besteht die Gefahr, dass jeder Teilnehmer sich den Inhalt in etwas abgewandelter Form merkt.

Gemeinsame Visualisierung

Zumindest die Ergebnisse einer Besprechung sollten also immer festgehalten werden, und zwar in **gemeinsamer Visualisierung,** dass bedeutet, sie sollen so aufgeschrieben werden, dass es jeder sehen und die Niederschrift falls erforderlich auch korrigieren kann.

Zu diesem Zweck genügt ein Flipchart oder Whiteboard, wobei die Teilnehmer im Nachgang und zur Dokumentation dann ein Foto von den beschriebenen Flipchartseiten oder eine Kopie der Whiteboardbeschriftung erhalten sollen.

Für professionelle Teamsitzungen wird ein Echtzeitprotokoll, zum Beispiel in einem Excel-File empfohlen, welches über Beamerprojektion ständig sichtbar ist. Zwischendurch kann natürlich auf andere Dokumente umgeschaltet werden, zum Abschluss eines jeden Tagesordnungspunktes kommt jedoch wieder das Echtzeitprotokoll in den Vordergrund und die besprochenen Eintragungen werden an Ort und Stelle und vor aller Augen vorgenommen. Erfahrene Projektleiter führen das Echtzeitprotokoll neben der Sitzungsmoderation selbst. Wer den Kopf frei behalten möchte, delegiert diese Aufgabe an einen anderen Teilnehmer, der dann sinnvollerweise jedoch auch die übrigen Dokumente von seinem Rechner aus zeigen soll, damit das zeitaufwändige Umschalten des Beamers von einem Rechner auf den anderen entfällt.

Echtzeitprotokoll

Gleich am Ende der Sitzung bekommt jeder Teilnehmer das Protokoll auf seinen Rechner geschickt. Dieses Protokoll bildet dann natürlich wieder die Grundlage und Tagesordnung für die nachfolgende Sitzung.

Ein Echtzeitprotokoll ist nun jedoch so ziemlich die einfachste Form der Visualisierung. Häufig besteht die Herausforderung darin, komplexe Zusammenhänge mit einem Bild einfach und verständlich darzustellen oder – eine noch größere Herausforderung – bei den Zuhörern / Betrachtern Interesse zu wecken und aufrecht zu erhalten.

Nehmen wir also die folgende Situation an: Ein vorgegebenes Thema ist einem größeren Publikum mit dem Ziel zu präsentieren,

1. das Thema verständlich zu machen
2. Zustimmung zu den vorgetragenen Ansichten zu erreichen und
3. die Kompetenz des Präsentators unter Beweis zu stellen.

Dies ist eine recht häufig anzutreffende Situation, nicht nur im Vertrieb, sondern auch in der praktischen Projektarbeit.

Hier sei darauf verwiesen, dass die Voraussetzung für die Erreichung der Ziele 2. und 3. die Verwirklichung des Punktes 1. „das Thema verständlich machen" ist. Es ist daher erlaubt, diesen Punkt besonders zu vertiefen. Im Allgemeinen werden hier die meisten Fehler gemacht. Es muss auch berücksichtigt werden, dass der Zuhörer auch einen gewissen Komfortanspruch hat. Er will also nicht die höchste Konzentration zum Einsatz bringen, um folgen zu können, sondern er möchte das Thema einfach und eingängig präsentiert bekommen.

Komfortanspruch der Zuhörer berücksichtigen

Das bedeutet für die visuelle Aufbereitung:

* Lesbarkeit der Vorlage in Bezug auf Schriftgröße und Gestaltung
* Logischer Aufbau
* Graphische Ausgestaltung zur Unterstützung der inhaltlichen Zusammenhänge
* Portionierung des Stoffes, entweder
  – durch Verteilung auf mehrere Seiten oder
  – durch schrittweisen Seitenaufbau.

Falsch wäre es, alle Punkte, die im Vortrag angesprochen werden sollen, in Form einer Liste in die Präsentation aufzunehmen. Listenpräsentationen ohne wirkliche graphische Elemente sind so ziemlich das langweiligste, was man seinen Zuhörern zumuten kann.

4.3.4   Vorbereitung des Vortrags

Vortrag ist entscheidend

Die Erstellung der Präsentationsunterlagen ist nur die halbe Miete. Der Vorteil ist hier, dass auch Anfänger einen hohen Perfektionsgrad erreichen können, indem sie unverhältnismäßig viel Zeit in die Erstellung der Visuals investieren. Wenn jedoch der anschließende Vortrag nicht überzeugend ist, dann war die ganze Mühe umsonst.

Ein Fehler, der ganz häufig zu beobachten ist, ist der, dass man sich bis zum letzten Augenblick mit dem optischen Feinschliff im Slidedeck befasst und dann überarbeitet, nervös und eigentlich unvorbereitet in die eigentliche Präsentation geht.

Nicht bis zur letzten Minute vorbereiten

Viel klüger ist die Vorgehensweise, sich einen Termin für die Fertigstellung der Visuals zu setzen, der mindestens eine Woche vor dem Präsentationstermin liegt, um sich danach voll und ganz auf die Vorbereitung des mündlichen Vortrags zu konzentrieren. Dies bedeutet für eine wichtige Präsentation: Mindestens einen Probevortrag vor Kollegen mit konstruktivem Feedback. Diese kleine Übung bringt sicherlich mehr als die fünfte Überarbeitung des Foliensatzes.

Gründliche Vorbereitung des Vortrags

- Medien und technische Voraussetzungen abklären
  - Präsentation vom eigenen Laptop oder vom Rechners des Veranstalters?
  - Wer druckt Handouts?
  - Anzahl Teilnehmer?
  - Flipcharts / Pinwände benötigt?
- Veranstaltungsort frühzeitig besichtigen und „organisieren"
  - Alle benötigten Hilfsmittel vorhanden und funktionsfähig?
  - Sitzordnung angemessen ? (am besten U-Form)
  - Keine Barrieren zwischen Präsentator und Publikum?
  - Wie ist richtige Sprechlautstärke für den Saal? (Mit Helfer testen)

Abb. 42: Gründliche Vorbereitung des Vortrags

Spätestens zwei Stunden vor Beginn des Vortrags soll die Vorbereitung dann definitiv beendet sein. Es ist auch wichtig, entspannt und gesammelt in die Veranstaltung zu gehen.

Darüber hinaus gibt es auch einen ganz praktischen Grund, die Visuals min- *Unterlagen vorab*
destens eine Woche vorab fertig zu haben: In vielen Fällen ist es angezeigt, *vorlegen?*
dem Teilnehmerkreis vorab eine Kopie der Präsentationsunterlagen zukommen zu lassen. Nicht immer ist dies ratsam. Immer dann, wenn noch während der Präsentation eine Entscheidung gefällt werden soll, wird die Vorabzusendung der Unterlagen aber zur Pflicht.

Es versteht sich von selbst, dass auch der Teilnehmerkreis, der zeitliche Rahmen und die groben Inhalte der Präsentation vorzubesprechen sind.

4.3.5   Durchführung der Präsentation

Bei aller minutiösen Vorbereitung auf den großen Tag der Präsentation darf nicht vergessen werden, dass die eigentliche Herausforderung noch bevorsteht – der Vortrag vor echtem Publikum.

Die stichwortartige Auflistung aller Punkte und Unterthemen, die zur Sprache *Redekonzept*
kommen sollen, ist eine sinnvolle Sache. Sie gehört jedoch nicht in eine Präsentation, sondern in das private Redekonzept des Präsentators, am besten jeder einzelne Punkt jeweils auf eine Din A5 Karte. Ein dünner Stapel Karten kann dann den ganzen Vortrag unterstützen und begleiten, ohne dass man ihn unbedingt zwischendurch aus der Hand legen müsste.

Dieses Hilfsmittel ersetzt nicht das Einstudieren und Proben einer Rede / Prä- *Vortrag einstudieren*
sentation, beruhigt aber ungemein. Idealerweise kommt der Redefluss auswendig aus dem Kopf heraus, sollte man jedoch einmal den Faden verlieren, genügt ein unauffälliger Blick hinunter auf den Kartenstapel, und es kann flüssig weiter gehen. Voraussetzung ist selbstverständlich, dass neben dem Vortrag das rechtzeitige Kartenwechseln von vorne nach hinten erfolgt, sodass der Kartenstapel immer an der richtigen Stelle steht.

Auch wenn das Redekonzept dem Inhalt der Präsentationsfolien inhaltlich entsprechen kann, muss die mündliche Erläuterung jedoch auf einer **anderen Ebene** erfolgen als die visuelle Darstellung. Das bedeutet, sie muss detailreicher und tiefergehend sein, oder aber zumindest eine andere Erzählperspektive haben. Wenn der mündliche Vortrag nur das wiedergibt, was ohnehin im Klartext im Beamerbild steht, macht sich der Präsentator weitgehend überflüssig.

Ein wichtiger Merkpunkt ist also folgender:

* Die Präsentation ist der Blickfang der Zuhörer
* Das Redekonzept ist der Fokus des Präsentators

Wie bereits erwähnt, das Redekonzept hat der Präsentator im Idealfall im Kopf, Hilfsmittel sind jedoch erlaubt.

Zuhörer durch Präsentationsbild führen

Auch wenn jede Präsentationsseite nur einen überschaubaren Inhalt umfasst, hilft es den Zuhörern, wenn der Bezug des Vortrags zur Visualisierung kontinuierlich aufrecht erhalten bleibt, indem gezeigt wird, auf welchen Teil des Bildes sich eine Bemerkung bezieht, zum Beispiel mit Hilfe eines Markierungsbalkens oder eines Pointers.

Eine Minute pro Bild

Verwirrend ist es auch, wenn am laufenden Band Seiten durchgeclickt werden. Als Faustregel gilt, jede Seite sollte mindestens eine Minute stehen bleiben, zumindest im Durchschnitt der Präsentation.

Verzweigungen aus der Slide-Präsentation auf andere Dokumente sind erlaubt, hier muss dann jedoch besondere Rücksicht auf die Aufnahmefähigkeit des Publikums genommen werden. Live-Sichten auf umfangreiche Tabellenkalkulationsfiles und Anwendungsprogramme haben häufig zur Folge, dass die Zuhörer den Faden verlieren. Hier gilt also noch mehr als in der eigentlichen Präsentation, dass auch erläutert was gezeigt wird, unter Hervorhebung der genauen Stelle auf dem Bild.

In den letzten Jahren hat sich ohnehin eine Unsitte immer mehr eingebürgert: Der Aufbau von Präsentationen ausschließlich mit Hilfe von Excel-Tabellen oder auch unter Zuhilfenahme von Word-Dokumenten.

Das Resultat ist für die Zuhörer meist katastrophal: Die Excel-Worksheet Oberfläche hat soviel visuellen Appeal wie Feinrippunterwäsche bei einer Modenschau. Die Texte sind meist schlecht lesbar und beim Hin- und Herscrollen verliert auch der aufmerksamste Zuhörer die Orientierung.

Noch schlimmer ist es, wenn dann beim Hin- und Herschalten zwischen Anwendungen und Dokumenten Zeit verloren geht oder das Publikum gar auf eine Suchexpedition durch die Tiefen der Pfadstruktur mitgenommen wird.

Hinzu kommt, dass solche Präsentationen, wenn es sich um Excel handelt, meist hoffnungslos mit Daten überladen sind, die kein Mensch aufnehmen kann, einfach deshalb, weil das die große Stärke von Excel ist. Für Word trifft das gleiche in Punkto Textmenge zu.

Visuell geeignete Darstellung wählen

Egal in welchem Programm die eigentliche Projektarbeit stattfindet, wenn es darum geht, einem Publikum Resultate vorzustellen, dann muss die visuelle Darstellung gewissen Mindestanforderungen entsprechen. Das bedeutet nicht zwingend, dass man alle Inhalte auf eine Anwendung wie PowerPoint migrieren muss, es wird jedoch stark empfohlen, den Stoff zumindest in eine visuell aufbereitete Reihenfolge zu bringen.

Um ein komplexes Excel-File zu zeigen und zu erläutern, könnte dies auch folgendermaßen geschehen:

- Ziehen einer Kopie von der Ursprungsdatei
- Festlegen der zu zeigenden Ausschnitte als Bereiche („Ranges")
- (Jeder Bereich muss dabei so bemessen sein, dass die Lesbarkeit gewährleistet ist).
- Aufzeichnen eines interaktiven Makros, mit dem später durch die Bereiche geschaltet werden kann.
- Einfügen von Kommentaren und Hervorhebungen in den Bereichen, um die Inhalte besser verstehbar zu machen.

Ein weiterer Kniff: Wirklich routinierte Präsentatoren, wechseln nicht auf die nächste Seite, bevor sie den nun folgenden Inhalt / Punkt anschneiden. Besonders wichtige Aussagen gehören elegant „anmoderiert".

Nachfolgebild „anmoderieren"

Noch während die alte Seite steht, wird nun also eine Überleitung gemacht und dann wenn die Neugierde des Zuhörerkreises den Höhepunkt erreicht hat, wird die neue Seite aufgeschaltet, die nun – natürlich – alle Antworten birgt.

Wie lässt sich das technisch unterstützen?

Die einfachste Möglichkeit besteht darin, sich einen ausgedruckten Foliensatz auf das Rednerpult zu legen, und durch gewissenhaftes Umblättern die vorauseilende Seite vor sich präsent zu haben.

Foliensatz ausdrucken

Werden bei größeren Veranstaltungen Teilnehmerunterlagen verteilt, so ist die Gepflogenheit weit verbreitet, dafür einfach ein Hardcopy der Beamerpräsentation zu benutzen. Dies ist zwar so, aber sehr professionell ist es nicht. Die Tischvorlage sollte sehr viel detaillierter sein als die Präsentation und im Idealfall selbsterklärend – was bei der Beamerpräsentation tödlich wäre.

Gesonderte Tischvorlage erstellen

Wenn die Präsentation Animationen enthält oder einen sukzessiven Bildaufbau, dann wird der Ausdruck einer solchen Seite für den Seminarteilnehmer schon zwei Wochen nach dem Event wahrscheinlich kaum noch zu interpretieren sein.

Was ist sonst noch zu der hohen Kunst der Präsentation und Visualisierung zu sagen? Nun da gäbe es noch vieles.

Um einen Punkt herauszugreifen, der besonders wichtig erscheint, soll das Thema „Relevanz" angesprochen werden:

Relevanz ist Minimalanforderung

Anlässlich einer Präsentation über die Entwicklung einer Marketingstrategie für eine neue Dienstleistung baute sich sukzessive ein Slide mit etwa zwei Dutzend Firmennamen auf. Sie waren fein säuberlich kategorisiert und wurden von dem Vortragenden einzeln erläutert. Unter den Teilnehmern baute sich eine große Spannung auf und jeder wollte wissen, was es denn nun mit diesen Firmen auf sich hatte und wie diese mit der neuen Marketingstrategie in Verbindung stehen sollten.

Fallbeispiel

Merkpunkte für die Durchführung einer erfolgreichen Präsentation

- Organisatorisches klären, Fragen sofort oder am Ende des Vortrags?
- Gesicht zum Publikum, nicht zur Leinwand!
- Mit Pointer oder anderem Hilfsmittel durch das Bild führen, dabei das Bild nicht verdecken
- Den Standpunkt hin und wieder wechseln, wenn möglich
- Direkte Ansprache, wo immer dies möglich und angemessen ist.
- Deutlich sprechen, nicht zu schnell aber moderiert
- Ständige Kontrolle, ob Gesagtes verstanden wurde, entweder durch Prüfen des Gesichtsausdrucks, oder durch Nachfragen, wenn Zweifel da sind.
- Zeit im Auge behalten

Abb. 43: Merkpunkte für die Durchführung einer erfolgreichen Präsentation

Am Ende der langen Auflistung löste der Moderator dann die Spannung mit den Worten: „Sehen Sie, alles dies sind Firmen, mit denen wir zusammenarbeiten könnten, der Markt ist also groß genug."

Dieser Umstand war für keinen der Anwesenden eine neue Erkenntnis und die Enttäuschung war entsprechend groß. Der Präsentator wollte es sich nicht nehmen lassen, seine Fleißarbeit, eine Liste von vielen Firmen zusammengestellt zu haben – ob nun wirklich potentielle Kunden oder nicht – auch dem Plenum vorzutragen.

Lückenfüller vermeiden

Wir sollten unserer Präsentation keine Listen und Aufstellungen oder andere Ausarbeitungen hinzufügen, nur deshalb weil sie vorhanden sind, ebenso sollte kein Thema angeschnitten werden, nur um die geplante Redezeit auszufüllen.

Beschränkung auf das Wesentliche

Unser Vortrag sollte wirklich nur das umfassen, was den gesetzten Zielen dient, und das ist häufig viel weniger als man denkt.

Zum Abschluss dieses Kapitels eignet sich ein Satz ganz besonders:

„Was gut durchdacht ist, lässt sich gut ausdrücken" (Nicolas Bolleau)

4.4 Moderation, Workshoptechniken

Projektarbeit vollzieht sich zu einem großen Teil in „Workshops", bzw. in Veranstaltungen, die sich genau so nennen. Daher gehört die professionelle Moderation von Workshops auch zum grundlegenden Handwerkszeug eines Projektleiters oder Beraters.

Der Sinn eines Workshops besteht darin, Fakten und Meinungen – etwa in einem interdisziplinären Team – auszutauschen, aber auch zu gemeinsamen Ansichten zu gelangen und in einer Gruppe einen Konsens herzustellen.

Konsensfindung ist Hauptfunktion

Ein wesentlicher Bestandteil ist es dabei, die erarbeiteten Ergebnisse sofort festzuhalten und später zu dokumentieren.

Ergebnisdokumentation

Der Verlauf des Workshops muss im Vorhinein geplant und strukturiert werden, Workshops sind fast immer moderiert.

Verlauf planen

Im Allgemeinen wird es so gehandhabt, dass die Linienhierarchie im Workshop zurücktritt und alleine das bessere Argument zählt.

Meist hierarchiefrei

Workshops sollen eine Atmosphäre schaffen, die kreatives Arbeiten begünstigt, daher wird oft ein Ort fernab vom normalen Arbeitsalltag gewählt.

Wie eingangs dieses Kapitels schon angedeutet, gibt es auch eine Reihe von Veranstaltungen, die sich zwar Workshop nennen, aber im Grunde nicht in diese Kategorie fallen.

Das könnte zum Beispiel ein reiner Meinungsaustausch sein, oder ein Gruppengespräch, welches dazu dient, atmosphärische Störungen zu bereinigen. Eventuell auch eine Geschäftssitzung am runden Tische, die nur deshalb Workshop heißt, weil sie in einem Hotel stattfindet.

Schließlich gibt es auch genügend „Workshops" die schon deshalb den Namen nicht verdienen, weil sie dazu genutzt werden, normale Schreibtischarbeit an einem gemeinsamen Tisch zu verrichten, mit der Möglichkeit sich gegenseitig jederzeit Fragen zu stellen.

Muss ein Workshopmoderator von den Themen, die Gegenstand des Workshops sind, etwas verstehen? Muss er nicht, aber wenn doch, dann ist dies sicherlich kein Beinbruch.

Moderator kann unbeleckt sein

In diesem Fall muss aber ein Fehler vermieden werden: Der Moderator hat eine hervorgehobene Stellung in der Gruppe, dass heißt zum Beispiel dass er das Wort erteilen kann und den Zeitplan vorgibt. Inhaltlich darf er jedoch nicht den Ton angeben. Seine Einflussnahme kann maximal soweit gehen, dass er durch gezieltes Fragen bestimmte Antworten provoziert (das ist bei genauerer Betrachtung schon Einflussnahme genug), er darf aber nicht Meinungen aus dem Plenum unterdrücken oder ignorieren.

Neutralität hat Vorrang

Der Moderator selbst bringt vom Grundsatz her auch keine inhaltlichen Beiträge, die er dann gleich in die Dokumentation aufnimmt. Wenn er glaubt, an irgendeiner Stelle wirklich einmal einen Beitrag einbringen zu müssen, so stellt er einen Vorschlag in den Raum. Wenn dieser von anderen Mitgliedern aufgegriffen wird, dann kann er als Gruppenergebnis protokolliert werden.

In jedem Fall soll der Moderator den übrigen Workshopteilnehmern gedanklich den Vortritt lassen und diese zum Beisteuern eigener Beiträge animieren. Nur dann, wenn der Fluss der Gedanken ins Stocken gerät, kann der Moderator vorübergehend etwas mehr in den Vordergrund treten und Initiative zeigen.

Auf den Workshopmoderator kommen mit der Übernahme dieser Funktion eine Vielzahl von Herausforderungen zu:

- Er muss dem Workshop eine sinnvolle Struktur geben
- Er muss die Eigenheiten der Gruppenmitglieder abfangen und ausgleichen
- Er ist für die professionelle und zeitgerechte Abwicklung verantwortlich
- Er muss auf unvorhergesehene Entwicklungen angemessen reagieren
- Er ist dafür mitverantwortlich, dass bei der Veranstaltung ein vernünftiges Ergebnis erarbeitet wird

Und schliesslich:

- Er wird dafür verantwortlich gemacht, wenn die Workshopteilnehmer mit dem Workshopverlauf nicht zufrieden sind

Die Realisierung eines Workshops umfasst für den Moderator drei Phasen:

- Vorbereitung
- Durchführung
- Nachbereitung

Die Funktionen und Aufgaben in den einzelnen Phasen sind folgende:

Vorbereitung

- Festlegung des operativen Zieles der Veranstaltung
- Inhaltliche Abgrenzung und Aufbereitung
- Erarbeitung eines Workshop-„Drehbuchs"
- Ableitung einer Tagesordnung

U. u. auch:

- Organisatorische Vorbereitungen (Tagungsräume, Medien, An- / Abreise, Catering, Rahmenprogramm)
- Festlegung des Teilnehmerkreises und Einladung

Durchführung

- Einführung
- Moderation
- Dokumentation
- Feedbackrunde und Abschluss

Nachbereitung

- Tagungsräume abrüsten
- Arbeitsergebnisse verwahren und aufbereiten
- Workshopdokumentation erstellen

Die größte Herausforderung bei der Vorbereitung des Workshops ist es, ein schlüssiges Workshopdrehbuch zu erstellen. Das Workshopdrehbuch dient dazu, den äußeren Verlauf des Workshops so weit wie eben möglich vorauszuplanen und zu strukturieren.

Workshop-Drehbuch

Ein solches Workshop-Drehbuch könnte zum Beispiel so aussehen:

Fallbeispiel

8^{30} h Vorstellungsrunde
8^{45} h Aufnahme der Erwartungen an das Workshop
9^{00} h Durchführung SWOT-Analyse (Post-it Methode)
10^{30} h Breakout in drei Einzelteams
- Team „Weaknesses" (Schwächen): Ursachen / Möglichkeiten der Abhilfe? (Flipchart)
- Team „Opportunities" (Chancen): Bewertung der Chancen / Erschliessungsmöglichkeiten (Flipchart)
- Team: „Threats" (Gefahren), Bewertung Schadenpotential und Eintrittswahrscheinlichkeit, mögliche Abwehrmassnahmen (Flipchart)

12^{00} h Mittagessen
12^{45} h Präsentation der Teamergebnisse im Plenum (Flipchart oder Beamer)
14^{00} h Priorisierung der Handlungsrichtungen Schwächen, Chancen und Risiken (Klebepunktmethode)
14^{15} h Erarbeitung eines Maßnahmenplanes (Post-it Methode)
16^{00} h Priorisierung der Maßnahmenvorschläge (Klebepunktmethode)
16^{30} h Feedbackrunde und Bewertung (Post-it Methode, Klebepunktmethode, mündliche Aussprache)
17^{00} h Abschluss

Die beiden Ausgangsparameter für die Erstellung des Drehbuches sind immer die Gruppengröße und der Zeitstrahl. Die Gruppengröße bestimmt die Möglichkeiten der sinnvollen Arbeit in der Großgruppe und die Aufteilungsmöglichkeiten für Einzelteams. Umso größer die Gruppe, desto größer auch der Zeitbedarf.

Gruppengröße und Zeitstrahl sind Planungsparameter

Neben der Nennung des zu bearbeitenden Themas für jeden Zeitblock muss zumindest auch definiert sein, welche Methode zu Anwendung kommen soll, bzw. wie das Ergebnis zu dokumentieren ist.

Methoden festlegen

Im vorliegenden Beispiel kommen im Wesentlichen nur zwei einfache Methoden zur Anwendung: die so genannte „Post-it Methode" und die „Klebepunktmethode". Diese sollen hier nicht im Detail erläutert werden, nur soviel sei verraten:

Die „Post-it Methode" ist nach einem der Hersteller der bunten Klebezettel benannt, die sich auch in der Workshoparbeit sehr vielseitig einsetzen lassen.

„Post-it Methode"

Schreiben statt Sprechen

Anstatt von den Teilnehmern also Wortbeiträge aufzunehmen, schreiben diese ihre Ideen, Vorschläge und Kommentare auf Klebezettel auf. Die Beiträge werden dann auf einem Din A0 Brownpaper gesammelt und beliebig geclustert. Diese Vorgehensweise führt direkt zu einer vollständigen Dokumentation und ist darüber hinaus auch zeitsparender als Wortbeiträge.

Besonders jene Gruppenmitglieder, die sich in der Diskussion nicht so gut durchsetzen können, können auf schriftlichem Wege ihre Anschauungen trotzdem voll zur Entfaltung bringen.

Die Klebepunktmethode bezeichnet das Verfahren, nachdem durch das Kleben einer Anzahl von Punkten hinter bestimmte Optionen deren Wichtigkeit / Richtigkeit oder Dringlichkeit etc. bewertet wird.

Mit Hilfe des Workshop-Drehbuches wird der Ablauf also so genau wie möglich vorausgeplant, einschließlich der anzuwendenden Methoden. Die organisatorischen Maßnahmen, die in Vorbereitung der Veranstaltung zu treffen sind, lassen sich aus dem Workshop-Drehbuch ableiten, also zum Beispiel die Raumreservierung für die Breakout-Sessions, die Besorgung von Pinwänden, Whiteboards, Flipcharts und anderer Medien.

Wenn man sich einmal die Gründe näher ansieht, warum Workshopteilnehmer im Nachgang einer Veranstaltung nicht zufrieden sind, dann wird man in sehr vielen Fällen feststellen, dass die erarbeiteten Resultate in keinem guten Verhältnis zu der eingesetzten Zeit stehen.

Zeiteffizienz ist Erfolgsparameter

Ganz entscheidend für den Workshopmoderator ist es also, die zur Verfügung stehende Zeit gezielt einzusetzen und die Veranstaltung kurz zu takten. Um den roten Faden nicht zu verlieren, muss das Workshop straff geführt werden, natürlich ohne dass es notwendig wird, jemandem das Wort abzuschneiden.

Das Schlüsselwort heißt hier „Fokussierung". Das Workshop muss so strukturiert sein, dass zu jedem Zeitpunkt nur genau ein Thema vor dem geistigen Auge der Teilnehmer steht. Damit werden Abschweifungen oder irrelevante Beiträge unwahrscheinlicher.

Themenspeicher

Falls trotzdem Beiträge auf den Tisch gepackt werden, die nicht genau zum aktuellen Thema passen oder die zu komplex sind, um sie innerhalb des Tagesordnungspunktes abzuarbeiten, so werden diese in den so genannten „Themenspeicher" geschrieben. Das kann ein einfaches Flipchartblatt sein, welches an einer gut sichtbaren Stelle aufgepinnt ist. Hier werden alle Beiträge gesammelt, die im Moment nicht ausdiskutiert werden können. Diese Maßnahme befördert die Zeitplaneinhaltung ungemein. Natürlich muss innerhalb einer angemessenen Frist auch eine Bearbeitung der hier verzeichneten Themen folgen.

Neben der inhaltlichen Gestaltung der Veranstaltung gibt es dann ja noch die Herausforderung, die Teilnehmer im Bedarfsfall auch zu disziplinieren. Dies ist zweifelsfrei des Öfteren notwendig aber nicht immer unproblematisch, da wir es ja mit Erwachsenen zu tun haben.

Um diese Angelegenheit zu entschärfen, hat sich eine Herangehensweise besonders bewährt:

Nicht erst wenn das Kind in den Brunnen gefallen ist und das Workshop im Chaos zu versinken droht, sondern ganz am Anfang, gleich nach der Eröffnung, stellt der Moderator eine kurze Liste von „Workshop-Spielregeln" vor und bittet die Teilnehmer um ein Feedback. Sind diese Regeln für jeden akzeptabel? Gibt es noch sinnvolle Ergänzungen? Hier sollte zumindest jeder Teilnehmer einmal stillschweigend mit dem Kopf genickt haben, bevor das Workshop offiziell eröffnet ist.

Frühzeitig Workshopregeln vereinbaren

Ein Beispiel für pragmatische „Workshop-Spielregeln" sei hier angeführt:

> ✓ **Wir beginnen pünktlich nach den Pausen**
>
> ✓ **Wir lassen uns nicht ablenken (Handys abschalten!)**
>
> ✓ **Wir bleiben beim Thema**
>
> ✓ **Wir argumentieren sachlich**
>
> ✓ **Jeder Beitrag zählt**
>
> ✓ **Wir lassen andere ausreden**
>
> ✓ **Wir fassen uns kurz**

Abb. 44: Beispiel für ein Workshop-Regelwerk

4.5   Persönliche Planungstechniken

4.5.1   Die Tagesplanung

Es ist Standard, dass jeder Berater oder Manager für sich eine oder mehrere To-do Listen führt, die dafür sorgen, dass keine Aufgabe vergessen wird, und ihm helfen, seine Arbeit zielgerichtet und termingerecht zu planen.

To-do Liste ist Basis

Sinnvoll erscheint es, zu Beginn eines jeden Arbeitstages noch einmal eine Mikroplanung zu machen, und die verschiedenen anstehenden Aufgaben erneut zu ordnen.

Aufgaben sinnvoll gruppieren

Der erste Schritt dabei ist, dass gleichartige oder zusammenhängende Aufgaben auch zeitlich gruppiert werden. Es regiert der Grundsatz, dass die Produktivität am höchsten ist, wenn es gelingt, Aufgabenkomplexe geschlossen abzuarbeiten, um danach den Kopf wieder frei zu haben, um sich in eine neue Problematik hineinzuarbeiten oder hineinzudenken.

Eine typische Gruppierung könnte also so aussehen:

Fallbeispiel

ab 7^{30} h	Post und Mail Sichtung
	Post und Mail Beantwortung
	Programm und Terminplanung
	Anstoßen von Reisevorbereitungen
ab 8^{15} h	Telefonate Projektmanagement und Akquiseprojekte
	Sonstige Telefonate
9^{00} h	Meeting Personalplanung
10^{30} h	Meeting Marketingstrategie
13^{30} h	Mittagessen
ab 13^{00} h	Inhaltliche Arbeit Projekt MakeBuy für Muster AG, Telefonsperre
ab 17^{30} h	Networking- und informelle Telefonate

Bei der Mailbearbeitung machen wir oft die Erfahrung, dass die Bearbeitung und Beantwortung einer Mail in einem Zug suboptimal ist. Wir beantworten dann manchmal eine Mail, die von einer später eingegangenen bereits überholt ist.

Mail vorab sichten

Hier hat sich gezeigt, dass es sinnvoller sein kann, die Mailbox zuerst zu sichten und zu gruppieren (z. B. nach Projekt oder nach Ansprechpartner), dann jeweils die Gruppen zu lesen und zu sichten (hier können irrelevante bereits gelöscht werden), und erst in einem dritten Schritt zu beantworten.

Neben der inhaltlichen Gruppierung der Tagesaktivitäten kann auch eine weitergehende Strukturierung sinnvoll sein, wie z. B. alle aktiven Telefonate, alle Rechercheaktivitäten oder alle schriftlichen Arbeiten jeweils in einem Zeitblock zusammenzufassen.

4.5.2   Priorisierungen und ihre Tücken

Bei diesem Vorgang der Tagesplanung muss natürlich auch die Abarbeitungsreihenfolge festgelegt werden. Hier spielen zunächst einmal tageszeitliche Gesichtspunkte eine Rolle, zum Beispiel können die meisten Ansprechpartner nur in dem Zeitfenster zwischen 8^{00} h und 18^{00} h erreicht werden.

Bewusst oder unbewusst spielen auch noch die Themen

- Dringlichkeit
- Wichtigkeit
- Affinität

eine große Rolle.

Dringlichkeit: Diese ist fast immer von außen vorgegeben und i. d. R. über einen Planzeitpunkt sehr genau definiert.

Wichtigkeit: Die Einschätzung der Wichtigkeit einer Aufgabe ist nicht immer von außen vorgegeben, sondern sie unterliegt in der Regel dem Beurteilungsvermögen des Planenden. Wenn er sich hierüber überhaupt noch große Gedanken machen kann, der Dringlichkeitsgrad also nicht schon das gesamte Handeln bestimmt, dann wird er hier sehr subjektive und persönliche Kriterien anlegen.

Affinität: Mit dem Wort „Affinität" einer Aufgabe soll ausgedrückt werden, wie groß die Neigung des Planenden ist, sich dieser Aufgabe anzunehmen. Arbeitet er die Aufgabe sehr gerne ab, vielleicht obwohl sie weder dringend noch wichtig ist, dann hat die Aufgabe für ihn eine große Affinität.

4.5.3 Bewusstheit der Planung

Von den drei hier bezeichneten Planungsparametern werden zwei manchmal nur unbewusst berücksichtigt. Während „Dringlichkeit" meist ein hartes Kriterium ist, sind „Wichtigkeit" und „Affinität" weiche Kriterien, die sehr stark von persönlichen Einschätzungen und Gefühlen durchzogen sind, also auch ganz unbewusst zur Anwendung kommen.

4.5.4 Individuelle Planungsstrategie

Wer sich selbst hinterfragt, nach welchen Kriterien Aufgaben in seinem Berufsalltag priorisiert werden, wird ein ganz bestimmtes Muster vorfinden, nach dem sich ein Arbeitstag gestaltet. Entscheidend ist hier jedoch nicht, wie dieser geplant wurde (wenn er denn geplant wurde) sondern wie die Abarbeitung zum Schluss wirklich aussah.

Vier Fragen helfen, sich selbst besser einschätzen zu lernen:

Erste Frage:

Die erste Frage, die hier beantwortet werden muss ist, „Wie gehe ich mit Problemaufgaben um?" Problemaufgaben sind die mit einer geringen bis nicht vorhandenen Affinität. Bei vielen Menschen sind dies zum Beispiel geplante Akquisitionsanrufe.

Problemthemen nicht ausweichen

Stelle ich hier fest, dass diese Anrufe, obwohl schon für den Vormittag eingeplant, am Abend immer noch auf der To-do Liste stehen?

Zweite Frage:

Ad-hoc Aufgaben
entwickeln sich leicht zu
Zeitfressern

Die zweite Frage ist die, inwieweit die verfügbare Arbeitszeit wirklich von den
geplanten Aktivitäten eingenommen, oder ob sie nicht zu einem großen Teil
von eigentlich weniger wichtigen und weniger dringlichen ad-hoc Aufgaben
eingenommen wurde? Jeder hat das Problem der ungeplanten Zeitfresser, die
auch einen ausgeklügelten Plan wieder zerstören, und den gelegten roten Faden abreißen lassen können. Dies sind zum Beispiel all die ungeplanten Telefonate, die über den Tag hereinkommen.

Agieren anstatt zu
reagieren

Zeitfresser sind nicht grundsätzlich negativ. Sie machen uns jedoch, je nach
ihrem Zeitanteil, von Agierern zu Reagierern.

Gefährlich und zu bekämpfen sind aber diejenigen Zeitfresser, die immer dann
überhand nehmen, wenn Aufgaben mit geringer Affinität vor uns liegen.

Ein Beispiel hierzu:

Fallbeispiel

Seit Wochen versuche ich, ein Projektkonzept zu erstellen, für welches es
keinen Abgabetermin gibt, welches aber für meine zukünftige Entwicklung
maßgeblich sein kann. Jedes Mal wenn ich beginnen will, dann fällt mir ein,
dass man ja vorher noch einige der vielen kleinen Aufgaben erledigen kann,
die sonst ja nur liegen bleiben und einem den Frieden rauben.

Also wird vorher noch kurz eine Mail beantwortet und ein Rückruf erledigt,
in der Absicht, sich danach voll auf die große Aufgabe konzentrieren zu
können. Zwischenzeitlich kommt aber noch eine e-Mail-Anfrage herein, die
dann auch noch kurz bearbeitet wird, weil das sowieso am schnellsten
geht.

Nun ist der Zeitpunkt da, wo die betreffende und zu bearbeitende Datei
aufgerufen wird, die ersten Gedanken zum Projektkonzept werden geboren.

In diesem Augenblick klingelt das Telefon, und eine sehr dringende Angelegenheit ist zu bearbeiten. Dann war es also wieder nichts mit dem Projektkonzept für heute, aber morgen ist ja auch noch ein Tag!

Dritte Frage:

„Wo stehe ich in meiner Arbeit zwischen Dringlichkeit und Wichtigkeit?"

Wichtiges vor
Dringlichem

Gestaltet sich mein Arbeitsalltag so, dass vor lauter dringenden Angelegenheiten keine Zeit mehr dafür da ist, sich auch um für die Zukunft wirklich wichtige Dinge zu kümmern?

Vierte Frage:

Eine vierte Frage lautet:

„Gibt es weitere unbewusste Priorisierungsgewohnheiten?" Zum Beispiel die, sich immer nur auf die kurzen Arbeiten zu konzentrieren, wo man sogleich einen Erfolg verzeichnen kann, und die komplexere Arbeit vor sich her zu schieben?

Wenn diese Fragen beantwortet sind, dann ist für jeden persönlich vielleicht etwas transparenter, nach welchen Kriterien die individuelle Abarbeitungspriorisierung zustande kommt. Mancher wird dann vielleicht auch besser verstehen, warum die großen und wichtigen Projekte seit Monaten auf Eis liegen.

Abarbeitungspriorisierung klären

Es bleibt hingegen jedem selbst überlassen, für sich selbst eine zielgerechte Strategie selbst zu entwerfen und diese dann auch im Arbeitsalltag konsequent umzusetzen.

Was hier für die Planung des Arbeitstages gesagt wurde, gilt selbstverständlich in gleicher Weise für die Wochen- und Monats-, ja sogar für die Lebensplanung.

- **Wichtigkeit**
- **Gewinnpotential**
- **Versagensrisiko**
- **„Grosse Aufgaben"**

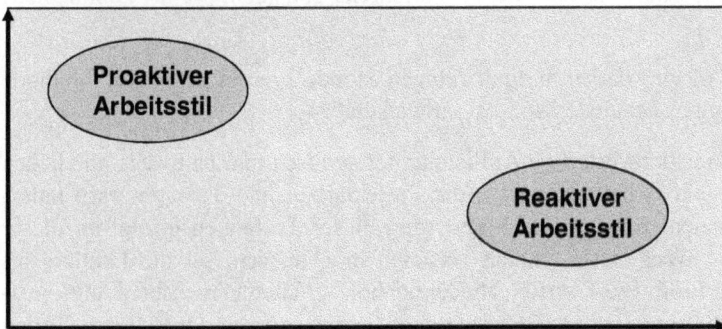

- **Dringlichkeit**
- **Affinität**
- **„Kleine Aufgaben"**

Abb. 45: Aufgabenpriorisierungsstrategien

4.6   Überblick über weitere Methoden

Bis hierhin wurden die grundlegenden Techniken beschrieben, die eigentlich jeder Projektleiter / Consultant braucht, um seine Arbeit überhaupt professionell ausführen zu können – sozusagen das Handwerkszeug.

Vielfältige Methoden verfügbar

Dieses Buch beschränkt sich darauf, diese Basisdisziplinen zu beschreiben. Es soll jedoch auch nicht verschwiegen werden, dass es noch eine Vielzahl weiterer Methoden und Verfahren gibt, die sich ebenfalls zum fallweisen Einsatz in Projekten eignen.

Nicht alle sind wirklich nützlich

Einige davon sind erprobt und oft unverzichtbar, andere wiederum haben beschränkten Nutzwert. Sehr schnell stößt man an die Grenze zwischen nützlichen Verfahren zur Unterstützung von Projektarbeit und dem Bereich der so genannten „Buzzwords", also marketingfähigen Begriffen, hinter denen sich jedoch inhaltlich nicht sehr viel verbirgt.

Um diese Behauptung zu untermauern, soll auch hierfür ein Beispiel aus der Praxis angeführt werden:

Vor Jahren wurde einmal die so genannte **„Methode 653"** propagiert. Zugegeben, die Bezeichnung lässt zunächst einmal aufhorchen. Die Funktionsweise ist vergleichsweise schnell erklärt:

Es soll ein Team mit **6** Teilnehmern gebildet werden. Diese sollen in einer gemeinsamen Teamsession innerhalb von **5** Minuten **3** kreative Ideen zur Lösung eines definierten Problems entwickeln.

Die intellektuelle Substanz dieses Verfahrens soll nicht weiter kommentiert werden.

Der Leser ist eingeladen in einer ruhigen Stunde auch einmal eine „Methode 927" oder eine „Methode 346" zu „entwickeln".

Es folgt eine stichwortartige Auflistung der seriösen und halbwegs nützlichen Methoden und Arbeitstechniken, die Projektarbeit und Teamprozesse unterstützen können. Eine nähere Erläuterung dieser Techniken erfolgt an dieser Stelle nicht. Wer dieses Thema vertiefen möchte, dem sei die Lektüre des Titels von Prof. Dr. Christel Niedereichholz „Unternehmensberatung: Auftragsdurchführung und Qualitätssicherung", erschienen im Oldenbourg Verlag empfohlen. Die meisten der hier gelisteten Arbeitstechniken sind dort näher erläutert.

Aufgabe / Verwendungszweck	Tool / Methode
Analysieren / Ideen generieren	Brainstorming / Brainwriting Flowcharting Mindmapping Interview, Umfrage Gap-Analyse, White Spot Analyse Pareto-Analyse Hypothesenbäume ABC-Analyse SWOT-Analyse (**S**trengths / **W**eaknesses / **O**pportunities / **T**hreats) Rollenspiel Utopiespiel Pro- und Contra-Spiel Morphologische Analyse Synektik
Ideenpool einengen / Ideen selektieren	NGT Risikoanalyse Machbarkeitsanalyse Multivoting Ranking /Priorisierungsliste
Ideen sortieren / strukturieren	Affinitätsanalyse Ursachen- und Wirkungsdiagramm Kraftfeldanalyse Ranking / Priorisierungsliste Clustering
Wechselbeziehungen aufzeigen	Ursachen- und Wirkungsdiagramm Matrix-Diagramm
Höheren Detaillierungsgrad erreichen	Ursachen- und Wirkungsdiagramm Baumdiagramm Fischgrätdiagramm
Korrelationen erforschen und darstellen	Radar Chart Line Chart Scatter Chart
Konsens herstellen	Ranking / Priorisierungsliste Team Gewichtung / Voting Matrix Diagramm

Abb. 46: Überblick über weitere Arbeitstechniken

Zusammenfassung

Die Lektüre dieses Buches hat hoffentlich die eine oder andere Erkenntnis gebracht. Wie immer, wird vieles dabei gewesen sein, was für den Leser nicht neu war, anderes war irrelevant, uninteressant oder nicht anwendbar. Wenn sich jedoch der eine oder andere gute Vorschlag gefunden hat, der sich in der täglichen Projektarbeit direkt umsetzen lässt, dann hat sich die Lektüre wahrscheinlich gelohnt.

Es ergibt sich die Frage, wie sich ein derart komplexes Thema wie Projektarbeit in wenige Merkpunkte kondensieren lässt.

Aus der Sicht des Autors sind es vielleicht die folgenden Regeln, die es sich lohnt, noch einmal hervorzuheben und als Essenz zu bewahren.

Drei goldene Regeln für erfolgreiches Projektmanagement:

1. **Komplexität begrenzen**
2. **Gruppendynamik im Auge behalten**
3. **strukturiert vorgehen**

Zu 1.: Komplexität begrenzen

Komplexität ist bereits für sich betrachtet ein Erfolgsrisiko. Auch wenn man ein gewisses Maß an Komplexität meistens zulassen muss, so darf trotzdem daran erinnert werden, dass zahlreiche Projekte alleine wegen überhöhter Komplexität gescheitert sind. Tun Sie deshalb alles, um die Komplexität des Projektes unter Kontrolle zu halten und beurteilen Sie in einer frühen Projektphase, welcher Grad an Komplexität noch zu bewältigen ist, beziehungsweise wo es kritisch wird.

Es ist zu unterscheiden, woher die übermäßige Komplexität rührt:

Komplexes Projektziel

Ist das Projektziel selbst überaus vielschichtig und lässt keinen unkomplizierten Projektaufbau zu?

Beispielsweise soll der Versuch unternommen werden, eine Software zu entwickeln, die letztendlich dem Vorbild der viel zitierten „eierlegenden Wollmilchsau" entspricht.

In diesem Fall ist ernsthaft zu überprüfen, ob das Projekt in dieser Form initiiert werden soll. Vielleicht ist eine Zergliederung in Teilprojekte möglich.

Komplexe Projektaufgabe

Ist die Projektaufgabe selbst sehr komplex und damit auch der Projektablaufplan?

Diese Komplexität kann bis zu einem gewissen Grad hingenommen werden, wenn die übrigen Faktoren stimmen, also zum Beispiel ein stabiles und eingespieltes Projektteam zur Verfügung steht.

Komplexer Projektablaufplan

Ist der Projektablaufplan sehr komplex, ohne dass dies aufgrund der Projektaufgabe unbedingt notwendig wäre?

Dieses ist eine häufig zu beobachtende Folge der Verfügbarkeit professioneller Projektplanungssoftware. Es wird sehr fein und sehr komplex geplant, einfach weil man das entsprechende Tool beherrscht, um mit dieser Komplexität – zumindest planungstechnisch – umzugehen.

Manchmal liegt die Ursache auch in einem übermäßigen Eifer der handelnden Personen begründet, die unter Beweis stellen wollen, dass sie selbst komplexesten Projektaufgaben gewachsen sind. Einen Kleinwagen mit der Instrumentierung eines Verkehrsflugzeuges zu pilotieren ist ein Jungentraum. Ähnliche Phantasien suchen mitunter auch (unerfahrene) Projektleiter heim.

In diesem Fall soll einfach die Planung selbst und damit später auch der Controllingaufwand des Projektes auf einen vernünftigen Detaillierungsgrad heruntergefahren werden. Dies erfordert nicht viel mehr als etwas Einsicht und die Bereitschaft über seinen pedantischen Schatten zu springen.

Komplexe organisatorische Struktur:

Ist die organisatorische Struktur über das notwenige Maß hinaus komplex, zum Beispiel aufgrund des Versuchs, alle nur denkbaren Know-how Quellen in das Projekt einzubinden oder – noch schlimmer – aufgrund von machtpolitischen Erwägungen (Wahrung des Proporz), so stellt dies ein wirklich schwerwiegendes Problem dar.

Überzählige Projektressourcen sind dabei genauso problematisch wie zu knappe Ressourcen. Gruppendynamische Turbulenzen und Zwistigkeiten sind dann meist vorprogrammiert.

Der beste Ausweg ist hier, die Projektorganisation – zur Not nachträglich – so zurechtzuschneiden, dass für jede tatsächlich zur Zielerreichung notwendige Projektaktivität genau die richtige Ressource zur Verfügung steht.

Komplexität aufgrund von unprofessionellen Kommunikationsstrukturen

Wenn vereinbart wird, dass jede einzelne Teilaufgabe von dem gesamten Projektteam gemeinsam abgearbeitet werden soll, jedes Teammitglied also jede Information erhalten soll und jeder Außenkontakt von allen Teammitgliedern aufgenommen werden kann, so darf man sich nicht wundern, wenn am Schluss eine überaus komplexe Situation entsteht, die vielleicht nie in dieser Form geplant war. Um eine solche Konfusion zu vermeiden, sind eine klare Aufbauorganisation und einige wenige pragmatische Vorgehenskonventionen vonnöten.

Modularisierung

Im Übrigen ist das wichtigste Hilfsmittel bei der Vermeidung von schädlicher Komplexität die Modularisierung der Projektaufgabe. Ein kolossales Projekt kann mit wenig Aufwand in mehrere ineinander greifende Teilprojekte zerlegt werden, die jedes für sich betrachtet, steuerbar und lauffähig sind.

Ist es nicht möglich, den Komplexitätsgrad auf ein vernünftiges Maß zu reduzieren, so ist es besser, dass Projekt in dieser Form nicht durchzuführen.

Zu 2.: Gruppendynamik im Auge behalten

Einfach wäre Projektmanagement dann, wenn sich der Projektleiter darauf beschränken könnte, entsprechend einem detaillierten Projektplan die Ressourcen einzusetzen und ansonsten das termintreue Erreichen der vordefinierten Projektziele zu überwachen. Das wäre sozusagen das Projektmanagement am grünen Tisch, in keimfreier Umgebung. Diese Situation wird Wunschdenken bleiben, solange Projekte von Menschen durchgeführt werden.

Jeder Projektmanager operiert fortlaufend auf zwei verschiedenen Ebenen: Auf der einen Seite löst er Sach- und Planungsaufgaben, analysiert, dokumentiert und kommuniziert. Auf der anderen Seite muss er jedoch auch die Entwicklung der gruppendynamischen Aspekte in seinem Team im Auge behalten und sich den so genannten „People Issues" widmen.

Ein jedes Projekt ist dabei wie ein System zu sehen. Es ist seinerseits in ein grösseres Universum eingebunden (Auftraggeber, Randbedingungen, etc.), besteht jedoch auch selbst aus zahlreichen Elementen. Projektpläne und Organigramme sind nur einige dieser Elemente. Die Aufzählung der relevanten Systemelemente setzt sich fort in den Bereich der „weichen Faktoren".

Die Darstellung des Projektzielsystems in Abb. 47 deutet bereits darauf hin, dass neben den „offiziellen", also harten Projektzielen, noch mehrere „inoffizielle" Zielsysteme eine Rolle spielen können. Dazu gehört im besten Fall der Ehrgeiz der Projektbeteiligten, zu zeigen, was jeder kann. Im weniger guten Fall wird auch die Profilierungssucht Einzelner Raum greifen und so ein gewisses Konfliktpotential erzeugen. Jeder einzelne Projektmitarbeiter bildet

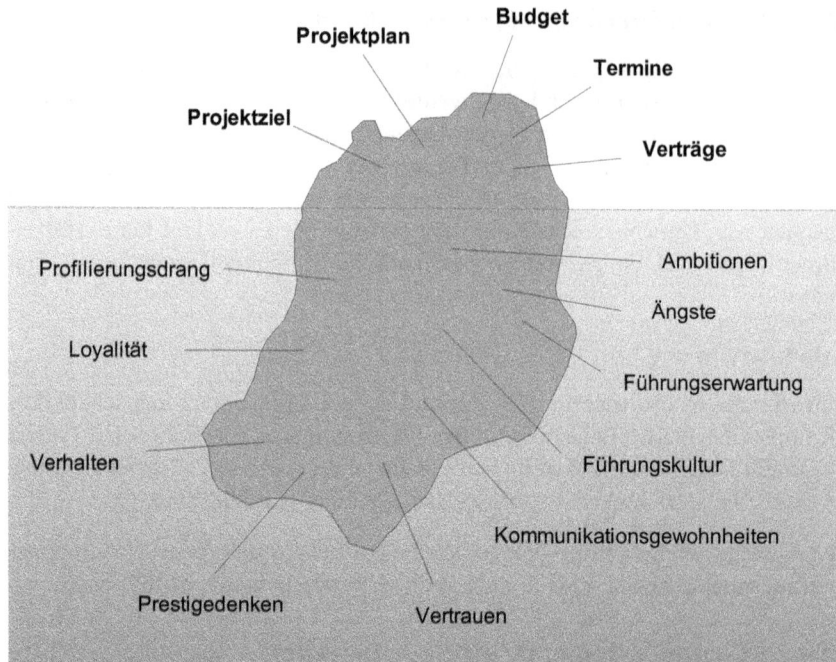

Abb. 47: Ganzheitliches Projektmanagement am Beispiel der Eisbergdarstellung

ein Element des Systems Projekt, die Konstellationen untereinander, der kollektive Arbeitsstil, die Führungs- und Kommunikationskultur sind weitere Elemente.

Nun ist es wichtig, dass neben den „harten" Elementen der Projektarbeit – diese sind ohnehin bestens dokumentiert und ständig verfügbar – auch die weichen Elemente des Systems niemals aus dem Blickfeld des Projektleiters geraten. Nur dann kann von ganzheitlichem Projektmanagement die Rede sein.

Zur Veranschaulichung kann das Bild eines Eisbergs dienen, von dem nur ein gewisser Teil über dem Wasser schwimmt und damit augenscheinlich ist. Fest verbunden mit dem augenscheinlichen Teil existiert ein weitaus größerer (und gefährlicherer) Teil in einem Bereich, der zwar ebenfalls wahrnehmbar, aber für den unsensiblen Beobachter nicht augenfällig ist.

Vielleicht ist es reiner Zufall, aber das Eisbergmodell ist auch in rein proportionaler Hinsicht durchaus zutreffend: Viele Projektleiter werden bestätigen, dass durchaus vier Fünftel ihres Aufwandes für die Bewältigung von Angelegenheiten im Bereich der weichen Faktoren verbraucht werden.

Zu 3.: Strukturiert vorgehen

Strukturiertes Vorgehen ermöglicht die zeitökonomische Erledigung komplexer Aufgaben. Dieses beginnt mit der stringenten Planung eines Vorhabens, setzt sich fort in einer klaren Projektorganisation und sachgerechten Ressourcenallokation und gipfelt in einer weitgehend plantreuen Umsetzung des Projektes.

Dort wo es nicht gelingt, im Team zu einer strukturierten Vorgehensweise zu kommen, liegt dies nur selten an fehlenden intellektuellen Fähigkeiten Einzelner.

Häufig beginnt es damit, dass schon von der Auftraggeberseite keine eindeutige Zuweisung von Verantwortlichkeiten vorgenommen wurde. Dort wo ein Team damit befasst ist, die Führungsstruktur oder andere Kompetenzen „auszukämpfen", kann nicht erwartet werden, dass auch gleichzeitig noch eine strukturierte Projektarbeit möglich ist.

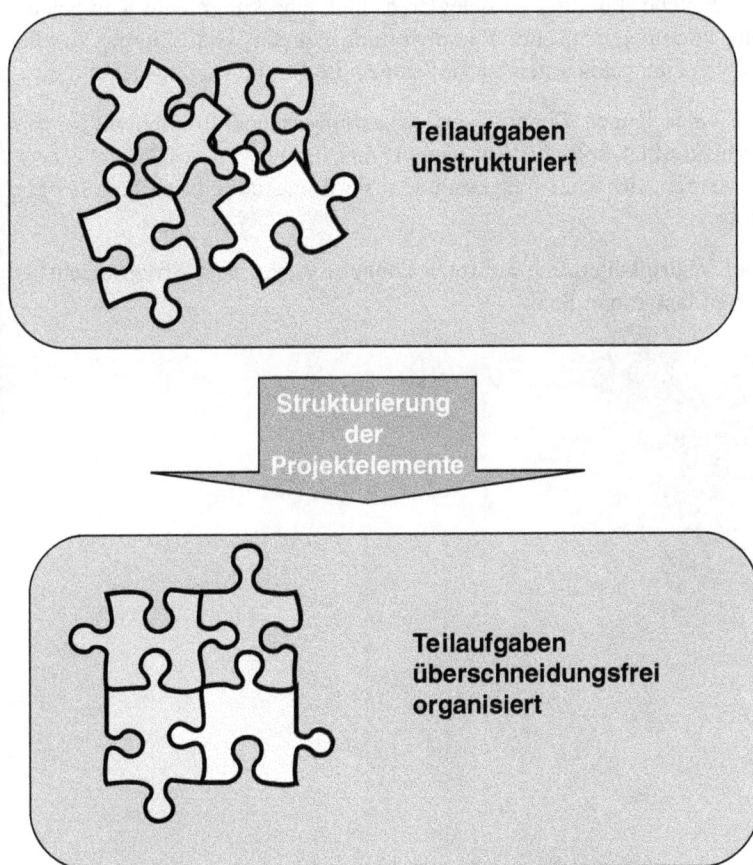

Abb. 48: Strukturierung der Projektelemente

Das Gleiche gilt auch in zeitlicher und inhaltlicher Hinsicht: Wenn von Auf-
traggeberseite verlangt wird, mit der Planung und dem Staffing des Projektes
„schon einmal zu beginnen", bevor die Projektrandbedingungen oder gar das
Projektziel zweifelsfrei feststehen, dann besteht die Gefahr, dass die ganze
Angelegenheit von vorne herein „schräg aufgegleist" wird. Somit sind keine
Voraussetzungen für einen reibungslosen Verlauf des Vorhabens gegeben.

Erfolglose Projekte sind fast immer von dem Umstand begleitet, dass im Projektverlauf entweder die Struktur, die Projektleitung, Projektplan oder gar die
Projektziele, bzw. mehrere dieser Elemente gleichzeitig, geändert werden.
Geht man den Ursachen auf den Grund, so wird man häufig darauf stoßen,
dass von Anfang schwere strukturelle Fehler gemacht wurden.

Zu einer strukturierten Vorgehensweise gehört auch eine stringente Behand-
lung der Elemente Führung, Kompetenzzuweisung und Verantwortung.

Jegliche Versuche, Führung zu delegieren ohne eine kongruente Kompetenzzuweisung vorzunehmen, oder Verantwortung getrennt von Führung zu allo-
zieren, stellen einen eklatanten Verstoß gegen das Strukturierungsgebot dar.

Am Ende einer langen Litanei von Feststellungen und Empfehlungen zum
Thema Projektarbeit, soll noch ein weiterer Erfahrungswert des Autors hervorgehoben werden, der vielleicht besonders für Projektarbeitsneulinge wichtig
sein könnte:

Trotz aller Widrigkeiten, die auftreten können – unter dem Strich macht die
Projektarbeit fast immer Spaß!

Literaturverzeichnis

1.) Prof. Dr. Christel Niedereichholz CMC:
   „Unternehmensberatung, Band 1: Beratungsmarketing und Auftragsakqui-
   sition"
   Oldenbourg Verlag, München, Wien

2.) Prof. Dr. Christel Niedereichholz CMC:
   „Unternehmensberatung, Band 2: Auftragsdurchführung und Qualitäts-
   sicherung"
   Oldenbourg Verlag, München, Wien

3.) Prof. Dr. Christel Niedereichholz CMC:
   „Internes Consulting: Grundlagen, Praxisbeispiele, Spezialthemen"
   Oldenbourg Verlag, München, Wien

4.) J. Rodney Turner:
   „The Handbook of Project-Based Management"
   The McGraw-Hill Companies, London

5.) J. Rodney Turner, Kristoffer V. Grude, Lynn Thurloway:
   „The Project Manager as Change Agent"
   The McGraw-Hill Companies, London

6.) Marcel Dunand, Kerry Chaun:
   „Der Storyboard-Ansatz"
   BCD Business Communication Design SA, Lausanne

Verzeichnis der Fremdwörter

Action Item	Beschlossene Maßnahme, z. B. in einem Sitzungsprotokoll
Agenda	Tagesordnung
Assignment	Aufgabe, Auftrag, Einsatz
Attachment	Anhang, zum Beispiel zu einem elekronischen Dokument
Backup	Datensicherung auf IT-Systemen
Beamer	Projektor für elektronische Inhalte
Beamerpräsentation	Präsentation mit Hilfe eines Beamers
Bodyleasing	Korrekt: „Employee-Leasing", Entgeltliche Überlassung eines Mitarbeiters / Beraters. Hierbei übernimmt der „Mieter" die Regie, das Weisungsrecht und die Verantwortung für den Einsatz des Beraters. Der „Vermieter / Überlasser" übernimmt keine Gewähr für das Ergebnis der Arbeit.
Breakout-Session	Unterbrechung einer Plenumsveranstaltung, in dem für kurze Zeit in kleineren Arbeitsgruppen (und dann meist interaktiv) weiter gearbeitet wird
briefen	Jemanden detailliert instruieren
Briefing	Vorgang der Ausgabe von Instruktionen und der Abklärung eventueller Fragen
Brown Paper	Bogen braunen (Pack-)Papiers, der eine graphische, meist in Teamarbeit erarbeitete, Darstellung enthält
Bullet Point	Graphisches Element zur Kennzeichnung von Aufzählungen in einem Text
Buy-/n	Die innerliche Unterstützung einer Person für eine Sache
Buzz-Word	Leere Worthülse, die gut klingt, ansonsten jedoch abgedroschen und inhaltsleer ist
Catering	Bereitstellung von Speisen und Getränken, z. B. für Gruppenveranstaltungen
Change Projekt	Projekt zur Herbeiführung organisatorischer oder kultureller Veränderungen
Chart	Graphische Darstellung von Zahleninformationen

Closeout	Formaler Projektabschluss, manchmal auch Schließen der Projektkostenstelle
Cluster	Anhäufung / Gruppierung von etwas
clustern	Etwas sinnvoll gruppieren
Coach	Begriff aus dem Sport („Trainer"); Vorgesetzter im Sinne von persönlich Betreuender, Fordernder und Fördernder in der Art eines Mentors
Commodity	Ware, in Form von Gütern, aber auch Dienstleistungen, die man überall leicht beschaffen kann
Community	z. B. in „User-Community": Gruppe von Personen, die etwas gemeinsam haben und untereinander in Verbindung stehen
Compliance	Die Einhaltung von Vorschriften und Gesetzen durch Unternehmen
Consultant	Unternehmensberater, aber auch technischer Berater
Consulting	Unternehmensberatung, aber auch technische Beratung
Contractor	Auftragnehmer / Dienstleister, zum Beispiel für die Projektabwicklung
Copy / Paste	Kopieren und Wiedereinfügen, z. B. von Inhalten in Dokumenten
Crewing	Die Zuweisung von personellen Ressourcen (Mitarbeitern) zu bestimmten Projektaufgaben, Projektrollen
Cut-over	Übergang von Verantwortung und Risiko, zum Beispiel von Projektorganisation zu Kundenorganisation
Debriefing	Siehe auch „Briefing"; Bericht und Übergabe am Ende eines Einsatzes / Projektes, formaler Abschluss
Demobilization	Auflösung eines Projektteams
Engineering	z. B. in „Engineeringbüro", technische Planung und Design von Maschinen, Fahrzeugen oder technischen Anlagen
Erfa	z. B. in „Erfa-Meeting": Systematischer Erfahrungsaustausch unter betroffenen Experten
Eskalation	z. B. in „Eskalationsinstanz": Verweisen einer Sache an eine übergeordnete Hierachieebene
Event	Ereignis, zum Beispiel eine gesellschaftliche Veranstaltung
Excel	Applikation zur Erstellung von Spreadsheets als Teil der Microsoft Office Familie (Tabellenkalkulation)
Executive Summary	Zusammenfassung (z. B. eines Projektberichtes) für den flüchtigen, nur an Ergebnissen interessierten Leser
Face to Face	z. B. in „Face to Face Meeting": Von Angesicht zu Angesicht, direkter persönlicher Kontakt

Facilitator	Moderator / Unterstützer, z. B. eines Workshops
Field Testing	Erprobung eines Produktes / Konzeptes unter realen Bedingungen, also „im Feld"
Filename	Dokumentenname
Flipchart	Großer, gut sichtbar auf einer Wandtafel angebrachter Schreibblock
Flowchart	Graphische Darstellung von Fließvorgängen, also in der Regel Hilfsmittel für die Beschreibung von Geschäftsprozessen, aber auch von chemischen oder IT-Prozessen
Follow-Up	Nachfolgende Aktivitäten, z. B. Umsetzung, Nachverfolgung beschlossener Maßnahmen
Friendly Customer	Wohl gesonnener Kunde, der geneigt ist, Produktfehler zu verzeihen und bei einem „Field Testing" zu kooperieren
Gantt-Chart	Nach seinem Erfinder Henry L. Gantt benannte graphische Darstellung, die die verschiedenen Aktivitäten eines Projektes im zeitlichen Ablauf zeigt („Balkenplan")
Go Ahead	Projektfreigabe
Greenlight	Grünes Licht, Projektfreigabe
Hardcopy	Papierausdruck eines elektronischen Dokumentes
High Potential	Mitarbeiter eines Unternehmens, dem das Potential zu einer steilen beruflichen Entwicklung zugesprochen wird
Hot Button	Thema, welches geeignet ist, bei einem Ansprechpartner oder einer Zielgruppe Interesse zu wecken oder starke Emotionen auszulösen
Inhouse Beratung	Beratungseinheit innerhalb eines Nicht-Beratungsunternehmens, welches das Unternehmen selbst berät
Inhouse Consulting	Siehe „Inhouse-Beratung"
IS/IT-Manager	Manager für Informationssysteme und Informationstechnologe
Jour fixe	Im vorhinein festgelegter Tag der Woche oder des Monats, an dem z. B. eine Projektbesprechung stattfindet
Kaskadierung	Verfahren, nachdem ausgehend von der Unternehmensleitung, sukzessive die verschiedenen Ebenen im Unternehmen informiert werden
Key Message	Schlüsselbotschaft, Kernpunkt einer Kommunikation
Kickoff	Erstes Meeting eines Projektteams, um das Projekt offiziell anzustoßen. Begriff aus dem Mannschaftssport („Anpfiff")

Know-how	Oberbegriff für das zu einem Wissensgebiet gehörende Wissen und Erfahrungen
Learnings	Erkenntnisse / bereits gemachte Erfahrungen
Legacy	z. B. in „Legacy-Dokumenten, Legacy-Systemen", althergebrachte Elemente eines modernisierten Systems
Link	Elektronische Verknüpfung
Low-Hanging Fruit	Leicht und schnell zu erzielende Projekterfolge (siehe auch „Quick Wins")
MBA	„Master of Business Administration", Universitätsabschluss
Message	z. B. in „Message Planning": Botschaft, Nachricht
Middle Management	Mittlere Führungsebene
Minutes of Meeting	Sitzungsprotokoll (abgekürzt „MoM")
Mobilization	Bildung eines Projektteams
Momentum	z. B. in „Implementierungs-Momentum", akkumulierte Bewegungs- / Vortriebsenergie, Schwung
Monitoring	Kontinuierliche Überwachung / Beobachtung
Moving Target	Ursprünglich „sich bewegendes Ziel", Begriff aus der Artillerie; schwer zu erfüllende, weil sich ständig ändernde Zielvorgabe
Multi Project Management	Management von mehreren, gleichzeitig ablaufenden Projekten
Must	Unbedingt erforderliches Produkt / Produkteigenschaft
Networking	Technik der Bildung persönlicher Netzwerke, mit dem Ziel langfristig für alle am Netzwerk Beteiligten Vorteile zu erzielen.
Newsletter	z. B. in „Projekt-Newsletter": Regelmäßige Information
Nice to have	Produkt / Produkteigenschaft, die nicht unbedingt erforderlich ist
Nimby	„Not in my backyard", Projektbetroffene, die die Projektverwirklichung aufgrund ihrer eigenen Betroffenheit ablehnen
„Not invented here" Syndrom	Phänomen, dass auch gute Lösungen auf keine Akzeptanz stoßen, weil die Anwender nicht in den Entwicklungsprozess integriert waren
Open-end	Bewusst offen gelassener End-Termin, z. B. für ein Treffen
Opinion-Leader	Meinungsführer, Schlüsselperson
Owner	z. B. in „Template Owner": Verantwortlicher für etwas

Parent Organization	Wörtlich: „Mutterorganisation", organisatorisches Umfeld, in dem sich das Projekt abspielt
People Issue	Thema / Problem, welches mit der gruppendynamischen Interaktion zusammenhängt
Phase-in	Sukzessive Einführung / Aufbau einer Projektorganisation und Übernahme von Funktionen
Phase-out	Sukzessive Aussonderung / Auflösung einer Projektorganisation, z. B. um die Arbeit von einer Projekt- an eine Linienorganisation zu übergeben
Pinwand	Mit Stoff bespannte Schautafel für den Bürogebrauch, an die sich Gegenstände heften lassen
Player	Akteur innerhalb eines Geflechts von handelnden Personen
Point of no return	Zeitpunkt nach dem ein Projekt nur noch unter Inkaufnahme großer Verluste gestoppt werden kann
Pointer	Zeigehilfe für Präsentationen, Vorträge o. ä., z. B. Laser-Pointer
Post-it	Landläufige Bezeichnung für Haftnotiz / Klebezettel verschiedener Hersteller
PowerPoint	Applikation zur Erstellung von Beamerpräsentationen als Teil der Microsoft Office Familie
Programm Management	Zum Beispiel Management mehrerer miteinander verbundener Projekte
Project Audit	Projektevaluierung
Project Business	Einzelfertigung, nicht Serien- oder Massenproduktion
Project Context	Projekt Umfeld
Project Health Check	Wörtlich: „Projekt Gesundheits-Prüfung", tiefergehende Analyse des Projektzustandes, Evaluierung von Risiken
Project Launch	Projekt Lancierung
Project Life Cycle	Projektlebenszyklus
Project Owner	Wörtlich: „Projekt Eigner", also Auftraggeber, Träger des Projekt Risikos
Project Review Meeting	Sitzung zur Ermittlung und Bewertung des aktuellen Projektstandes
Project Sponsor	Projekt Finanzier
Project Start-Uup	Projekt Start
Projektproliferation	Phänomen, dass sich unter bestimmten Umständen die Anzahl der Projekte stark erhöht und unkontrollierbar wird.
PSO-Projekt	PSO bedeutet „Processes, Systems, Organization"; ein Projekt, welches eine Organisationseinheit tiefgreifend und auf nahezu allen Ebenen verändert

Quick-Win	Schneller Projekterfolg (siehe auch „Low Hanging Fruit")
Range	Bereich, zum Beispiel auf einer Excel-Tabelle
Recovery	Wiederherstellung verlorengegangener Datenstrukturen mit Hilfe von Backups
Recruiting	Personalbeschaffung
Regieprojekt	Projekttyp, bei dem die Know-How Träger aus dem Unternehmen die Hauptakteure sind, die jedoch unter der „Regie" eines evtl. externen Beraters / Projektleiters arbeiten
Reporting	Berichtswesen, inhaltlich und zahlenmäßig
Resourcing	Rekrutierung von Projektmitarbeitern, siehe auch „Staffing" und „Crewing"
Rollout	Das erstmalige Vorstellen eines fertigen oder nahezu fertigen Werkes in einer Öffentlichkeit, vergleichbar dem Herausrollens eines Flugzeugs aus dem Hangar
Sarbanes Oxley Act	Gesetzespaket, die Unternehmen betreffend, die an US-amerikanischen Börsen kotiert sind
Scope	Die Reichweite, bzw. der Referenzrahmen eines Projektes
Scope Management	Management der Breite und Tiefe eines Projektauftrags, sowie der Reichweite einzelner Arbeitspakete
Scoping	Festlegung des Referenzrahmens, bzw. der Reichweite eines Projektes
Sequenzierung	Der Vorgang, in dem etwas Ungeordnetes in eine bestimmte Reihenfolge (Sequenz) gebracht wird
Session	Sitzung, Zusammenkunft
Shared Document	Dokument, welches für den Zugriff anderer freigegeben ist
Shorcut	Tastenkombination / Link zum schnellen Lokalisieren von Dokumenten
Showcase	Ursprünglich Schaukasten / Schaufenster, wird manchmal fälschlicherweise im Deutschen auch im Sinne von „Anschauungsbeispiel" benutzt
Slidedeck	Serie von vorbereiteten Projektionsbildern, z. B. in Form einer „PowerPoint Präsentation"
Slot	Zeitblock im Terminkalender
Slow Win	Langsamer Projekterfolg (siehe auch „Quick Wins")
Smalltalk	Scheinbar belanglose aber unterhaltsame Gesprächselemente am Rande einer Sachdiskussion
Spreadsheet	Tabellenkalkulationsblatt
Staffing	Zuweisung von personellen Ressourcen (Mitarbeitern) zu bestimmten Projektaufgaben, Projektrollen

Stakeholder	Jeder, der ein vitales Interesse an einem Unternehmen oder einem Projekt hat, also zum Beispiel Eigentümer / Aktionäre, das Management, Banken, die Mitarbeiter und andere Interessengruppen
Steering Committee	Weitgehend bedeutungsgleich mit „Lenkungsausschuss"
Storyboard	Das „Drehbuch", nachdem z. B. eine Präsentation oder auch ein Workshop planmässig aublaufen soll
Supply Chain Management	Lehre von der Steuerung von Lieferanten- und Kundenbeziehungen
SWOT-Analyse	Strengths, Weaknesses, Opportunities, Threats (Stärken, Schwächen, Chancen, Risiken): Methode zur strategischen Analyse
Takeoff	Start (z. B. eines Projektes)
Teambuilding	Prozess der inneren Bildung und der Stärkung einer Teamstruktur
Template	Elektronisches Formular / Vorlage
Terms of Reference	Detaillierte Beschreibung der Projektziele und der geplanten Vorgehensweise; Projektbauplan, der die Pflichten und Leistungen eines Projektdienstleisters vertraglich festschreibt.
Time-Keeping	z. B. in „Time-Keeping-Verantwortlicher" Überwachung der Einhaltung eines Zeitplans
Timeline	Gesetzter Termin, zum Beispiel für die Abarbeitung eines Arbeitpaketes
Timesheet	Formular zur Zeiterfassung auf ein Projekt bzw. auf mehrere Projekte
To-do Liste	Liste der noch zu erledigenden Punkte / Pendenzenliste
Tool	z. B. in „IT-Tool": Werkzeug, auch im übertragenen Sinne
Transient Team	Nur vorübergehend bestehendes Team
Update	Aktualisierung
User	Benutzer (z. B. eines IT-Systems)
User Acceptance	Akzeptanz von Seiten der Nutzer eines Systems, einer Applikation, eines Prozesses, etc.
Visual	Visuelle Darstellung, zum Beispiel in einer Präsentationsunterlage
Vouchering	Prozess der Spesenabrechnung in der Consultingbranche, also Vorstufe zur Projektabrechnung
Whiteboard	Große Schreibtafel für den Bürogebrauch
Workshop	Im weitesten Sinne: Zusammenkunft von Personen, um gemeinsam an einer Sache zu arbeiten, bzw. an einer praktisch orientierten Fortbildung teilzunehmen

Menschen und Manager:
Ein Balanceakt?

Eugen Buß
**Die deutschen Spitzenmanager -
Wie sie wurden, was sie sind**
Herkunft, Wertvorstellungen, Erfolgsregeln
2007. XI, 256 S., gb.
€ 26,80
ISBN 978-3-486-58256-7

Was ist eigentlich los im deutschen Management?
Kaum ein Tag vergeht, ohne dass die Medien kritisch
über die Zunft der Führungskräfte berichten. Sind die
deutschen Manager denn seit dem Beginn der Bun-
desrepublik immer schlechter geworden? War früher
etwa alles besser, als es noch »richtige« Unternehmer-
persönlichkeiten gab?
Antworten auf diese Fragen finden Sie in diesem Buch.

Es gibt kein vergleichbares Buch, das die Zusammenhänge des Werdegangs und der Einstellungen von
Spitzenmanagern darstellt. Die Studie zeigt, dass es in
der Praxis unterschiedliche Managertypen gibt. Diejenigen, die ihre Persönlichkeit allzu gerne der Manage-
mentrolle unterordnen und jene, die eine Balance
zwischen Mensch und Position finden.

**Das Buch richtet sich an all jene, die sich für die
deutsche Wirtschaft interessieren.**

Prof. Dr. Eugen Buß lehrt an der
Universität Hohenheim am Insti-
tut für Sozialwissenschaft.

Oldenbourg

Erfolgreiche Verkaufsgespräche

Uwe Jäger
Verkaufsgesprächsführung
Beschaffungsverhalten, Kommunikationsleitlinien,
Gesprächssituationen
2007. VII, 249 Seiten, Broschur
€ 29,80, ISBN 978-3-486-58399-1

Welche kommunikativen Verhaltensregeln können
Verkäufer nutzen und wie werden diese von professionellen Einkäufern interpretiert? Welche Gesprächs-
verläufe können sich im Verkaufszyklus ergeben und
wie sollten Verkäufer hierbei agieren? Wer auf diese
Fragen eine Antwort sucht, sollte dieses Buch lesen.
Die kommunikativen Verhaltensmöglichkeiten im
Verkauf und ihre Interpretation durch den professionellen Einkäufer sind die zentralen Themen dieses
Lehrbuchs. Vor diesem Hintergrund erhält der Leser
einen Überblick über die wichtigsten Gesprächsin-
halte im Verkaufszyklus. Phasenspezifische Hand-
lungsempfehlungen unterstützen die Vorbereitung
einer kundenorientierten und situationsgerechten
Gesprächsführung. Das Lehrbuch dient dem Leser als
Strukturierungshilfe bei der Suche nach eigenen Qualifizierungspotenzialen und liefert Denkanstöße für
die schrittweise Optimierung des Gesprächsverhaltens. Es richtet sich an Personen, die sich im wissenschaftlichen Umfeld mit dem Thema Verkaufsgesprächsführung befassen, an Verkaufstrainer und
an Verkäufer im Business-to-Business-Sektor.

Fazit: Das Buch bietet Strukturierungshilfe bei der
Suche nach eigenen Qualifizierungspotenzialen und
liefert Denkanstöße für die schrittweise Optimierung
des Gesprächsverhaltens.

Prof. Dr. Uwe Jäger ist seit 1997
Professor für Marketing, Vertrieb
und Management an der Hochschule der Medien Stuttgart.

Oldenbourg

Umfassend. Aktuell. Fundiert.

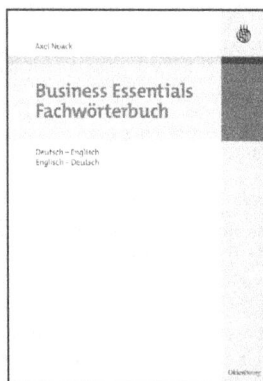

Axel Noack
**Business Essentials:
Fachwörterbuch Deutsch-Englisch Englisch-Deutsch**
2007. VII, 811 Seiten, gebunden
€ 59,80
ISBN 978-3-486-58261-1

Das Wörterbuch gibt dem Nutzer das Fachvokabular des modernen, internationalen Geschäftslebens in einer besonders anwenderfreundlichen Weise an die Hand.

Der englisch-deutsche Teil umfasst die 11.000 wichtigsten Wörter und Begriffe des angloamerikanischen Sprachgebrauchs.

Der deutsch-englische Teil enthält entsprechend 14.000 aktuelle Fachbegriffe mit ihren Übersetzungen.

Im dritten Teil werden 3.000 Abkürzungen aus dem internationalen Wirtschaftsgeschehen mit ihren verschiedenen Bedeutungen aufgeführt.

Das Lexikon richtet sich an Studierende der Wirtschaftswissenschaften sowie alle Fach- und Führungskräfte, die Wirtschaftsenglisch für Ihren Beruf benötigen. Für ausländische Studenten bietet es einen Einstieg in das hiesige Wirtschaftsleben.

Prof. Dr. Axel Noack lehrt an der Fachhochschule Stralsund BWL, insbes. International Marketing.

Oldenbourg

Die richtigen IT-Systeme zur richtigen Zeit und mit vertretbaren Aufwand

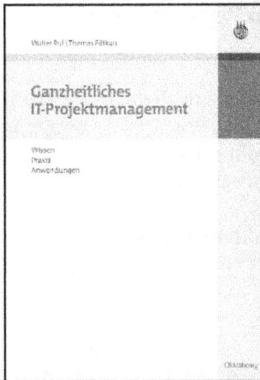

Walter Ruf, Thomas Fittkau
Ganzheitliches IT-Projektmanagement
Wissen, Praxis, Anwendungen
2008. XXV, 275 S., gb.
€ 29,80
ISBN 978-3-486-58567-4

Die richtige Balance zwischen fundiertem Wissen und Erfolgsfaktoren in der Praxis.

Die richtigen IT-Systeme zur richtigen Zeit und mit vertretbarem Aufwand, das ist heute in vielen Unternehmen von herausragender Bedeutung für den langfristigen Erfolg. Erfolg wird man bei IT-Projekten dann haben, wenn man ganzheitlich orientiertes theoretisch fundiertes Wissen mit in der Praxis bewährten Ansätzen verbinden kann. Gerade diese Kombination aus theoretischen Erkenntnissen und praktisch erprobten Ratschlägen soll helfen, sich das stets interessante und spannende Feld des IT-Projektmanagements zu erschließen.

In diesem Buch wurden Vorlagen und Vorschläge integriert, die direkt in einer konkreten IT-Projektmanagementaufgabe verwendet werden können. Nützliche Links, eine detaillierte Gliederung und ein umfangreiches Stichwortverzeichnis helfen, die richtigen Informationen zur richtigen Zeit schnell zu finden.

Thomas Fittkau ist seit vielen Jahren als Project Management Professional des Project Management Institutes (PMI) zertifiziert und durch den Einsatz in hochkomplexen Projekten auch seitens der IBM als zertifizierter Senior Projektmanager tätig.

Prof. Dr. Walter Ruf lehrt an der Hochschule Albstadt-Sigmaringen in den Studiengängen Wirtschaftsingenieurwesen, Bekleidungstechnik und Maschinenbau.

Oldenbourg

Marketing – anschaulich und kompakt

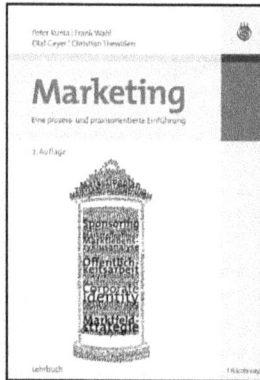

Peter Runia, Frank Wahl, Olaf Geyer,
Christian Thewißen
Marketing
Eine prozess- und praxisorientierte Einführung
2., überarbeitete und erweiterte Auflage 2007.
XX, 314 Seiten, gebunden
€ 29,80, ISBN 978-3-486-58441-7

Dieses bei Studierenden beliebte Lehrbuch führt praxisorientiert in das Marketing ein. Im Fokus steht dabei das (klassische) Konsumgütermarketing.

In Teil I (Grundlagen des Marketings) werden Basisbegriffe und Entwicklungen der Marketingtheorie und -praxis aufgezeigt. Teil II (Marketinganalyse) stellt die Notwendigkeit einer ausführlichen Analyse von Unternehmen, Markt und Umwelt als Basis für Marketingkonzepte dar. In Teil III (Strategisches Marketing) wird die Ziel- und Strategieebene des Marketing erläutert, welche einen grundlegenden Handlungsrahmen für das operative Marketing schafft. Teil IV (Operatives Marketing) thematisiert ausführlich den klassischen Marketing-Mix, d. h. das Zusammenspiel konkreter Maßnahmen der Produkt-, Kontrahierungs-, Distributions- und Kommunikationspolitik. Abschließend werden in Teil V (Marketingplanung und -kontrolle) die diversen Ebenen in Form von Marketingkonzepten oder Marketingplänen zusammengeführt und auch auf die Bedeutung der Marketingkontrolle hingewiesen.

Im Gegensatz zu so genannten Klassikerlehrbüchern mit zu hohem Umfang ist dieses Marketingbuch leicht anwendbar, klar strukturiert und stellt den relevanten Lerninhalt kompakt dar.

Oldenbourg

Neue Impulse für die Personalarbeit

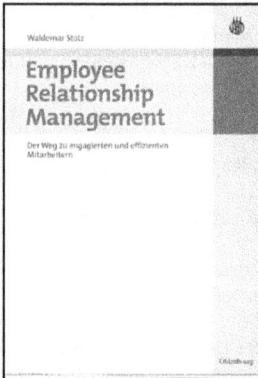

Waldemar Stotz
Employee Relationship Management
Der Weg zu engagierten und effizienten
Mitarbeitern
2007. XV, 212 Seiten, gebunden
€ 34,80, ISBN 978-3-486-58208-6

Der Hinweis auf die Bedeutung der Mitarbeiter als strategischer Erfolgsfaktor fehlt seit Jahren in keinem Geschäftsbericht und in keinem Personalmanagement-Buch. Wie allerdings die international anerkannte Gallup-Studie zeigt, beträgt der Anteil der Mitarbeiter mit hoher emotionaler Bindung an ihre Aufgabe und an ihren Arbeitgeber in Deutschland nur rund 13%. Aufgrund der Arbeitsmarktsituation verbleiben sie jedoch mangels Alternativen in ihren Unternehmen. Die bisher spärliche Literatur zu diesem Thema und die Unternehmenspraxis erheben die „Mitarbeiterbindung" zum Ausweg aus dieser Misere.

Mit seinem Blick über den Zaun zum Anfang der 1980er entwickelte Customer Relationship Management (CRM) geht der Autor einen neuen Weg. Die Adaption dieser Erkenntnisse und Erfahrungen kann in einer Zeit, in der Mitarbeiter zunehmend als interne Kunden bezeichnet werden, überraschend schnell zu engagierten und effizienten Mitarbeitern führen.

Ein Buch für Manager, Mitarbeiter und Studierende der Personalwirtschaft.

Waldemar Stotz berät und konzipiert Praxislösungen im Themengebiet Employee Relationship Management. Seit 2004 ist er Dozent für Human Resources Management an Hochschulen in Deutschland und der Schweiz.

Oldenbourg

Unternehmenserfolg durch Wertmanagement

Jürgen Stiefl, Kolja von Westerholt
Wertorientiertes Management
Wie der Unternehmenswert gesteigert werden kann -
mit Fallstudien und Lösungen
2008. X, 235 S., Br.
€ 29,80
ISBN 978-3-486-58323-6

Ein Buch voller Umsetzungshinweise.

Erfolgreiches Wertmanagement sollte das oberste Ziel einer jeden Unternehmung sein, denn es erhöht die Zufriedenheit der Anteilseigner und verbessert die Beurteilung des Unternehmens durch Banken, Analysten sowie Ratingagenturen. Gleichsam berücksichtigt es die Interessen sowohl der Kunden durch innovative, bedarfsgerechte Produkte und Leistungen als auch die der Lieferanten durch ausreichende Liquidität und Abnahmevolumen. Es motiviert die Mitarbeiter durch anspruchsvolle unternehmerische Aufgaben und sichert ferner Arbeitsplätze. Das vorliegende Buch zeigt auf, mit welchen Instrumentarien dies alles erreicht werden kann.

Das Buch richtet sich an Studierende der Betriebswirtschaftslehre sowie an Praktiker, die einen fundanmentalen Einblick in die Frage der Wertorientierung suchen.

Prof. Dr. Jürgen Stiefl lehrt Volks- und Betriebswirtschaftslehre, insbesondere Finanzierung an der Fachhochschule Aalen.

Kolja von Westerholt ist Geschäftsführer der OFW Student Consulting and Research (OSCAR) GmbH.

Oldenbourg

www.ingramcontent.com/pod-product-compliance
Lightning Source LLC
Chambersburg PA
CBHW081224190326
41458CB00016B/5675